Afrikanische Tänze

Michel Huet

Afrikanische Tänze

Mit einer Einführung von Jean Laude
und ethnographischen Beschreibungen von
Jean-Louis Paudrat

DuMont Buchverlag Köln

Der Autor dankt für die
freundliche Überlassung der
folgenden Bildvorlagen:
Dominique Darbois Abb. 35
Georges Duchemin Abb. 17, 18
Bernard Curé Abb. S. 19

CIP-Kurztitelaufnahme der Deutschen Bibliothek

Huet, Michel:
Afrikanische Tänze / Michel Huet. Mit e. Einf.
von Jean Laude u. ethnograph. Beschreibungen
von Jean-Louis Paudrat. [Aus d. Franz.
von Inge Maurer-Bolz u. Antje Pehnt.] – Köln : DuMont, 1979.
Einheitssacht.: Danses d'Afrique ⟨dt.⟩
ISBN 3-7701-1103-6

Titel der Originalausgabe: Danses d'Afrique
Aus dem Französischen von Inge Maurer-Bolz und Antje Pehnt

Printed in Switzerland ISBN 3-7701-1103-6

Inhalt

Die Geschichte einer Frage ist ein Teil der Frage selbst, sie ist untrennbar von dem, der sie stellt. Wenn die Tänze Schwarzafrikas erst unlängst zum Gegenstand eigener Studien geworden sind, so muß man dafür andere Gründe suchen als nur technische. Ich räume dabei durchaus ein, daß Bestandsaufnahme, Gliederung und Vervollständigung eines so wenig fixierten und so eigenartigen Materials eine wichtige Rolle gespielt haben: Noch vor wenigen Jahrzehnten war etwa die Einrichtung von Ton- und Filmarchiven unvorstellbar, ohne die ernsthafte Arbeiten, Analysen und Vergleiche in diesem Themenbereich nicht möglich sind. Allein auf diesem Wege ist aber eine Erweiterung und Vertiefung der Problematik nicht zu erzielen.

Zunächst müssen wir uns einige Fakten ins Gedächtnis zurückrufen, auch wenn sie beim heutigen Stand der Wissenschaft noch nicht sehr vollständig sind. Alles spricht aber dafür, daß sie unser Wissen sinnvoll und gezielt bereichern können. Sie kennzeichnen ein Problem, das – tiefer ergründet – zu lehrreichen historischen Vergleichen führen könnte. Als Europa gegen Ende der Renaissance und in der Anfangszeit des Barock Objekte aus Schwarzafrika einführte – vorwiegend Gegenstände aus Elfenbein, Auftragsarbeiten von Künstlern der Guineaküste und des alten Königreichs San Salvador –, zeigte es ein besonderes Interesse an Musikinstrumenten. Beliebt waren vor allem Trompeten aus Elefantenstoßzähnen, deren Ikonographie aus dem Bereich des Waidwerks die Europäer symbolisch auf eine Gesellschaftsschicht bezogen, die sich vor allem mit der Jagd befaßte. Abbildungen solcher Instrumente finden sich auch in Lehrbüchern – so zum Beispiel bei Michael Praetorius oder bei Joachim von Sandrart (1675). In den Reiseberichten dieser Zeit zeigen Stiche oder kolorierte Zeichnungen Musikanten, Solisten oder ganze Orchester mit sorgfältig wiedergegebenen Instrumenten[1], und in der Entdeckerliteratur werden vor allem jene Tänze oder Zeremonien beschrieben, denen die Autoren zufällig beiwohnen konnten. Hier beginnt sich eine Darstellungsweise abzuzeichnen, die immer negativer und abwertender wird – bis hin zu den Verboten für die nach Amerika verschleppten Sklaven, zum Tanzen zusammenzukommen. Die zwiespältige Einstellung des Westens zum Körper spiegelt sich auch in kolonialzeitlichen Schriftstücken seit dem 19. Jahrhundert wider: Sie zeugen von Faszination und zugleich Erschrecken angesichts dieser Tänze, denen sie Zügellosigkeit und entfesselte (animalische) Sexualität vorwerfen[2].

Während sich die Renaissance und das Zeitalter des Barock – aus Gründen, denen wir hier nicht nachgehen können – vor allem an afrikanischer Musik, ihren Instrumenten und am Tanz interessiert zeigte, wandten sich die ersten Jahrzehnte unseres Jahrhunderts besonders der afrikanischen Plastik zu. Seit den heroischen Epochen ihrer Entdeckung war ›Negerkunst‹ gleichbedeutend mit Masken und Figuren, die man als ein leicht zu exportierendes Formelsystem auffaßte. Man subsumierte sie der westlichen Vorstellung vom ›Kunstwerk‹ als fertigem Gegenstand, als Objekt der Betrachtung und Ergötzung. Diese Auffassung wird heute freilich in Frage gestellt, vor allem durch den Fortschritt historischer und ethnologischer Untersuchungen, die auf Entwicklungsgeschichte und Kulturbereiche eingehen und einen solchen Begriff vom Kunstwerk nur für jene gelten lassen, die ihn fixiert haben. Außerdem sind in Europa und den Vereinigten Staaten Entwicklungen im Gange, die zu einer Körperkunst oder Ereigniskunst hinführen. Inzwischen ist man also zu der Einsicht gelangt, daß die ›Negerkunst‹ sich nicht auf jene geschnitzten Objekte beschränkt, die in Museen und Privatsammlungen eine Rolle spielen. Wer etwa die Masken verstehen will – und sei es nur von einem formalen Gesichtspunkt aus –, kann sie weder vom Kostüm trennen, von dem sie ja nur ein Teil sind, noch von dem komplexen Schauspiel, in das sie sich einfügen. Aber da selbst wissenschaftliche Probleme niemals unabhängig von dem Umfeld sind, aus dem sie entstehen, hängt das neue Interesse an den tänzerischen Darstellungen Schwarzafrikas auch damit zusammen, daß die westlichen Kulturen sich immer intensiver mit dem Körper auseinandersetzen und der Produktion künstlerischer Objekte immer skeptischer gegenüberstehen.

Die Sammlung, die Michel Huet hier zusammengetragen hat, ist aus mehr als einem Grunde außerordentlich wertvoll. Ich muß nicht auf die Qualität der Fotografien hinweisen – sie ist offensichtlich. Vielmehr möchte ich auf ihre Lesbarkeit aufmerksam machen und einige Charakteristika erwähnen, die sie besonders auszeichnen: Hier sind Zeremonien oder Rituale festgehalten, von denen manche nicht mehr praktiziert werden. Das abgebildete Dokument überlebt so Tradition und Erinnerung, wenn es sie auch nicht ersetzen kann. Da aber Michel Huet darauf bedacht war, sich bei seinen Aufnahmen nicht auf die spektakulären Höhepunkte zu beschränken, setzen die Tänze und Rituale sich durch aufeinanderfolgende Bilder aus den verschiedenen Phasen für uns zusammen.

So können nun analytische und vergleichende Arbeiten ins Auge gefaßt und Verzeichnisse von Schritten und Figuren erarbeitet werden.

Abgesehen von diesen wahrhaft ungewöhnlichen Qualitäten der Lesbarkeit und des dokumentarischen Wertes könnte eine solche Sammlung von Bildern freilich bei dem, der mit den afrikanischen Kulturen nicht vertraut ist, schwerwiegende Mißverständnisse vertiefen und langlebige Vorurteile verstärken, die auf einem Mangel an Information beruhen. Denn die Bambustrommeln, die in der Kolonialzeit die Leser zum Träumen brachten, die Tänze und Zeremonien, aus denen hier Ausschnitte wiedergegeben sind, zeugen keineswegs von einer instinktiven und spontanen Ausdrucksweise, wie man es ihnen immer wieder nachgesagt hat. Das scheinbare Durcheinander ist im Gegenteil streng geregelt, nach Gesetzen, die sich zwar von der abendländischen Choreographie unterscheiden, darum aber nicht weniger exakt und verbindlich sind. Zudem werden sie nur zu bestimmten Gelegenheiten und Zeiten und zu ganz bestimmten Zwecken vorgeführt. Deshalb berichtet Jean-Louis Paudrat hier bei jeder Gruppe von Aufnahmen über Sinn und Bedeutung, die sie für die betreffende Gesellschaft haben. Seine knappen, informativen Texte stützen sich auf sehr alte wie auf die neuesten ethnographischen Quellen. Sie sollten als Erläuterungen zu den rituellen Ereignissen gelesen werden, die man kennen und über die man nachdenken muß, um die Bilder richtig zu sehen und zu verstehen. Seine Texte sind also keine beiläufigen Bemerkungen, sondern sollen uns vom Reiz der Exotik fortführen und mit einem fremden Denken vertraut machen.

Archäologische und ikonographische Zeugnisse

Im Gegensatz zur Plastik ist die Kunst des Tanzes – und der symbolischen Darstellungen – überall in Schwarzafrika verbreitet, so daß man den Tanz als spezifische Ausdrucksweise betrachten kann, die in unterschiedlichen Formen allen afrikanischen Kulturen gemeinsam ist. Es gibt sogar wenn nicht prähistorische, so doch protohistorische Zeugnisse, die die Existenz des Tanzes für eine Epoche belegen, in der die östliche Sahara noch bewohnbar und besiedelt war. Im Tassili hat man unter Felshängen zahlreiche Malereien mit zeremoniellen Szenen freilegen können, bei denen Tanz und Maskentanz eine Rolle spielen: auf der Station Sefar (ein großer Fries mit drei Masken ähnlich denen, die heute noch von den Tschokwe in Angola benutzt werden) oder auf der Station Irahuanrhat (eine große maskierte Gestalt, die eine weiß bemalte Frau mit rundem Gesicht überragt). Andere Malereien sind schwieriger zu interpretieren, weil sich nicht unterscheiden läßt, ob sie mythische Wesen oder Maskentänzer darstellen[3]. Da die Geräte, Knochen und Nahrungsreste dieser Fundorte noch nicht wissenschaftlich untersucht sind, ist bisher nur eine Tatsache festzuhalten: In einer wahrscheinlich vor der römischen Besetzung liegenden Zeit lebten in diesem Teil der Sahara Völker, deren Riten jenen glichen, die im heutigen Afrika südlich der Sahara noch immer lebendig sind.

Jean-Paul und Annie Lebeuf haben im Tschad aus Grabhügeln, die von den alten Sao errichtet wurden, gebrannte Tonfiguren geborgen, von denen man annimmt, daß sie maskierte Tänzer darstellen. Sie werden ins 12. bis 16. Jahrhundert datiert[4]. Zahlreiche Statuetten aus den verschiedensten Gebieten Schwarzafrikas stellen Musikanten dar: so aus Benin Bronzefiguren von Trompetern oder auch Reliefplatten wie die im British Museum, auf der ein Trommler inmitten einer Vielzahl von Schlaginstrumenten zu sehen ist. Muß ich hier noch an das bekannte Kuba-Bildnis (Zaïre) von König Kata-Mbula erinnern, der für sein Trommelspiel berühmt war? Von den Dogon möchte ich zwei Figuren erwähnen: einen Lautenspieler und zwei Männer vor einem Xylophon (Museum of Primitive Art, New York). Auch die Musikinstrumente selbst erinnern oft eher an Plastiken. So sind etwa die Trommeln der Baule ganz mit mythischen Figuren verziert, und die vom Sambesi sind in Form einer Antilope gestaltet (Musée de l'Homme, Paris); die quergeblasenen Elfenbeintrompeten des alten Königreichs San Salvador oder von Benin sind sorgfältig graviert und ornamentiert. Harfen der Mangbetu haben einen Hals in Form einer menschlichen Gestalt; die Sanzas der Zande wiederum befestigen die Lamellen auf dem Leib einer Frauenfigur (Königliches Museum für Zentralafrika, Tervuren).

In afrikanischen Schöpfungsmythen spielen die Instrumente und die Musik, die sie hervorbringen, eine bedeutende, ja manchmal entscheidende Rolle. So hat bei den Dogon der Demiurg den Menschen nacheinander drei ›Worte‹ offenbart: in der Gestalt eines Hirsekorns, dann eines Webstuhls und schließlich einer Tragtrommel. Allein schon die Reihenfolge dieser drei ›Worte‹ ist wichtig, denn sie zeigt, wie die Dogon die Entwicklungsgeschichte des Menschen sehen: Der Trommel, das heißt einem Klangvolumen, kommt es in der Mythe zu, die drei Dimensionen des Raumes zu begründen und zu verwirklichen, aber außerdem gibt sie einem Körper eine vibrierende Energie, die er vorher nicht besaß. Ähnlich verhält es sich mit der Kraft, die im Keimen des Hirsekorns wirkt, oder mit der Bewegung, die der Faden im Webrahmen als zweidimensionales Zickzackmuster erzeugt.

All diese Tatsachen müssen dokumentiert und systematisch neu geordnet werden, bevor sie einen Gesamtüberblick erlauben. Doch schon jetzt sind sie ein wichtiges Zeugnis für einige charakteristische Elemente des Afrikanertums: So beweisen sie zum Beispiel, daß es im schwarzen Erdteil keine Kultur gibt oder gegeben hat, die nicht den Tanz ausübt oder ausgeübt hat, und daß in den meisten Fällen der Tanz eine notwendige Ergänzung der Musik ist. Die tänzerische Darstellung spielt also in den afrikanischen Ländern südlich der Sahara eine zentrale Rolle. Und mehr noch: Musikinstrumente treten in Mythen und Schöpfungsgeschichten als wirkende Kräfte auf und heben dadurch den Gegensatz zwischen Natur und Kultur hervor. Das führt uns zu der Frage nach ihren Funktionen – jenen, die ihnen bewußt zuerteilt wurden, und jenen, die auf alte Strukturen zurückgehen und die Gedankenwelt der Afrikaner weitgehend bestimmen.

Marcel Griaule weist in seinen *Masques Dogon*[5] – wahrscheinlich der einzigen Arbeit, in der Tanz und Choreographie in Schwarzafrika systematisch auf die einzelnen Schritte und Figuren hin untersucht wurden – darauf hin, daß das Wort *awa* (das bei den Dogon ›Gemeinschaft der Masken‹ bedeutet) dem griechischen Wort Kosmos entsprechen könnte. Nicht nur das ›Schauspiel‹ –, wie ich es zunächst nennen möchte –, das unter besonderen Umständen aufgeführt wird, sondern auch die Gemeinschaft selbst, die dafür verantwortlich ist, sollten also als Gesamtheit erfaßt werden. Sie lassen sich freilich nicht in abendländischen Begriffen interpretieren, ohne das zu verlieren, was ihre Originalität ausmacht: Gegensätzliche Begriffe wie religiös und weltlich, heilig und profan können hier nicht angewendet werden. Solche Begriffe existieren nur in einem dualistischen Gefüge, wie es nach dem derzeitigen Stand der Forschung in der geistigen Welt Schwarzafrikas nicht vorhanden ist.

Diese Gesamtheit – die das Wort *awa* umfaßt – offenbart sich deutlich bei dem eigentlichen Schauspiel, das Masken, Tanz, Musik, Gesang und mythischen Vortrag vereint. Sie zeigt sich auch in einem engen Netz von Übereinstimmungen: Jedes Element (vom Kostüm bis zur Tanzfigur, vom Polyrhythmus bis zum Chorgesang oder Solo) ist auf ein System bezogen, das strengen Regeln unterliegt. Es verbindet die Welt der irdischen, alltäglichen Aktivitäten mit einer kosmischen Ordnung, wie sie am Anfang aller Dinge von Gott oder dem Demiurgen festgelegt wurde, und es stellt eine Verbindung her zwischen dem Ereignis der Schöpfung und seiner symbolischen Wiederholung in der Gegenwart. Auch die kleinsten Einzelheiten besitzen eine unmittelbare, spezifische Bedeutung und verwandeln sich nur entsprechend den Zusammenhängen, in die sie eingefügt sind. Dieses Prinzip der symbolischen Wiederholung könnte vielleicht manches erklären, was in den Darstellungen der Felsmalereien, in den Plastiken der maskierten Sao-Tänzer oder auch in den Figuren der Musikanten rätselhaft geblieben ist. Es gibt einen Widerspruch zwischen dem, was wir vom Zweck der plastischen Objekte Schwarzafrikas wissen, und dem Zweck, der ihnen hier zugewiesen zu sein scheint. Diese Darstellungen sind nicht anekdotisch, sie sollen nicht für den genießenden Blick des Betrachters ein Bild oder ein Element des Schauspiels festhalten. Sie sind eigentlich auch weder darstellender Natur noch Meditationsgegenstände. Sie inszenieren nicht eine Handlung, die vom Maler oder Schnitzer erfaßt wurde, sondern sichern die Fortdauer des transitorischen Moments. Damit bekräftigen sie einerseits die Zeitlosigkeit und andererseits die Bedeutung der Tanzzeremonien im Leben und in der Kontinuität der traditionellen Kulturen. Hier zeichnet sich eine eigentümliche Auffassung von der Zeit ab, auf die ich noch zurückkommen werde.

Die Maske

Während der Tanz bei vielen rituellen Zeremonien in allen Kulturen Schwarzafrikas praktiziert wird, sind Masken keineswegs allgemein verbreitet. Ihr Gebrauch stellt also ein charakteristisches Element dar, das einer Untersuchung wert ist. Bei jenen Stämmen, die Masken für ihre Ritualfeiern benutzen, sind in Gestaltung und Anzahl freilich die vielfältigsten Variationen zu registrieren. Zu den interessantesten zählen die Masken der Dogon an den Steilhängen des Bandiagara-Gebirges, die entsprechend den Typen und Rollen bei ihren Aufführungen geformt sind. Bei anderen Stämmen ist die Zahl der Masken weitaus geringer und weniger vielfältig. So besitzen zum Beispiel die Kurumba, Nachbarn der Dogon, nur schöne Antilopenfiguren, die auf einer geflochtenen Haube befestigt sind. Diese Unterschiedlichkeit läßt sich nicht ohne weiteres erklären. Geht sie vielleicht darauf zurück, daß die Dogon seit der Einführung der Masken – einer Epoche, die etwa in das 12. Jahrhundert fallen dürfte – ihre kulturelle Eigenart bewahrt und vertieft haben? Doch die Bewahrung dieser kulturellen Reinheit scheint eher eine Illusion zu sein, denn zahlreiche Formen entstammen offenbar benachbarten Kulturen (Kurumba, Mossi, Fulbe). Der ikonographische und stilistische Reichtum und das komplexe mythische Leben in der Maskenkunst gehen also nicht darauf zurück, daß die Dogon isoliert und autonom lebten, sondern vielmehr darauf, daß sie Kontakte mit anderen Völkern unterhielten, von denen sie bestimmte kulturelle Elemente übernahmen oder zwangsweise übernehmen mußten. Noch 1931 hat Marcel Griaule eine ›Madam‹-Maske gefunden, die Darstellung einer jener europäischen Frauen, die aus Abenteuerlust den Kolonialbeamten auf ihren Inspektionsreisen folgten. Diese Maske hat freilich keinen anekdotischen Charakter, denn unter den Dogon-Masken gibt es zahlreiche, die ›Fremde‹ zeigen (Fulbe, Saman usw.). Die Mannigfaltigkeit der Welt stellt sich den Dogon nicht dar, ohne aus dem Mythos ihre Rechtfertigung und Bedeutung zu empfangen. Deshalb werden alle von außen entliehenen oder aufgezwungenen Elemente, sofern sie in Mythos und Ikonographie Verwendung finden, in ein System integriert, das sie zugleich bereichern und differenzieren. Hier handelt es sich nicht um Exotik, sondern um ein Denken, das die Vielfalt der Erscheinungen zu strukturieren sucht, indem es sie auf die eigenen Denkmodelle bezieht. Ähnlich könnte man bestimmte Masken des Gelede-Bundes der Yoruba interpretieren, die mit Aufsätzen nach europäischen Vorbildern bekrönt sind: Nähmaschinen, Motorräder, sogar Flugzeuge oder Kolonialhelme und Sonnenbrillen.

Eine Bemerkung drängt sich hier auf: Allzuoft wird die Kunst Schwarzafrikas als streng konservatorisch gesehen. Gewiß ist sie das auch, aber in einem besonderen Sinne. Überprüft man zum Beispiel das Material einer Bevölkerungsgruppe, so stellt man fest, daß es nicht so homogen ist, wie es dargestellt wurde, sondern entscheidende Varianten enthält. Im Laufe der Geschichte haben sich ikonographische und formale Neuerungen ergeben; diese Neuerungen beziehen sich stets auf das strukturelle System, das zugleich über die Institutionen und die Mythen entscheidet. Sie können aber in zunehmendem Maß das strenge Gefüge lockern und umgestalten und auf lange Sicht die Ordnung und Verteilung der Elemente stören. Das macht es für uns notwendig, das Problem des Funktionalismus in den afrikanischen Künsten neu zu überdenken. Wir müssen versuchen, die Untersuchungen nicht mehr nur – wie die Ethnologen – aus der Sicht der Gleichzeitigkeit zu interpretieren, sondern sie vor allem auch aus einer diachronischen Perspektive zu betrachten, ähnlich den Historikern, die Ereignisse definieren, ihre Folgen bewerten und die kulturellen wie gesellschaftlichen Veränderungen so exakt wie möglich erfassen. Nehmen wir als Beispiel die Bobo von Obervolta: ein Volk von Ackerbauern altnigritischer Herkunft. Ursprünglich benutzten sie nur jene Blättermasken, die noch heute bei den Reinigungszeremonien auftreten und mit denen periodisch alles Unheil gesühnt werden sollte, das der Natur durch die Feldarbeit oder durch Vergehen des Menschen zugefügt wurde. Erst später übernahmen sie von den Dogon die großen hölzernen Brettmasken, die bei Ahnen- und Totenzeremonien Verwendung finden, vermutlich seit der Zeit, als ihr Land von den Mandingo überfallen wurde. In einer Gesellschaft, die bis dahin weder eine zentralisierte Macht noch eine föderalistische politische Organisation kannte, sondern in der jedes Dorf seine volle Autonomie besaß, war die Einführung der Maske gleichbedeutend mit der Einführung neuer gesellschaftlicher Strukturen[6].

Soweit sich die Einführung der Masken, wie sie in einer Dogon-Mythe beschrieben wird, überhaupt interpretieren läßt, gewährt sie uns Zugang zu einer der ältesten Schichten schwarzafrikanischer Kulturen, zumindest jener Kulturen, die Ackerbau betrieben. Bei den altafrikanischen Völkern scheint die Maske tatsächlich in erster Linie mit Reinigungsriten in Verbindung zu stehen: Die Natur wird hier nicht als ambivalent aufgenommen, sondern gilt als grundsätzlich gut. Die Bearbeitung des Bodens stellt eine Beleidigung der Natur dar, sie ist ein Vergehen, das man wiedergutmachen muß. Doch die Masken, die diese Fehler sühnen sollen, schützen nicht vor der Vergeltung: Die Versammlung der Masken, die die Erde und jene Menschen reinigen, die sie besudelt haben, endet mit der Erscheinung des Todes. Daraus ergibt sich eine enge Verbindung zwischen Reinigungs- und Bestattungsriten, die wiederum neue Fragen aufwirft. Alles weist darauf hin, daß das Gewissen – sobald die Tragweite eines Fehlers erkannt ist – die Mittel liefert, um diesen Fehler auszumerzen. Insofern sieht das Gewissen den Tod als Strafe nicht nur für den Fehler selbst, sondern auch für alle Maßnahmen, die seine Folgen mildern sollten. Hier zeigt der klassische Gegensatz zwischen Natur und Kultur eine andere Struktur: Kein Begriff schließt den anderen aus, sondern die Spannung erweist sich im Gegenteil als produktiv. Während bei den Bobo die Blattmasken alle Elemente des Bösen an sich ziehen, die verstreut durch das Dorf irren, sind bei den Dogon die Baströcke übersät mit Zeichen der Schuld für die Ursünde, die der blutschänderische Schakal begangen hat. Solchen Grundstrukturen der Mythe gesellen sich freilich Elemente zu, die sich nach und nach zu einem eindrucksvollen und komplexen Ganzen vereinen, wie es sich beispielsweise in dem von Marcel Griaule interpretierten *awa* offenbart. In diesem Zusammenhang müssen die Probleme der kulturellen Identität einerseits und des Funktionalismus andererseits gesehen werden.[5] Doch zuvor sollten Morphologie und Typologie nicht nur der Masken, sondern auch des gesamten Schauspiels, in dem sie auftreten, eingehend betrachtet werden.

Zwar sollte man das geschnitzte oder zusammengesetzte Objekt nicht von dem Kostüm trennen, zu dem es gehört; aber eine vorläufige Klassifizierung ist nützlich, um einen Katalog zu erarbeiten, mit dessen Hilfe sich Vergleiche anstellen lassen. Eine Vorbemerkung: Die Maske scheint wirklich der Bereich zu sein, in dem sich die Gedankenwelt des Afrikaners am deutlichsten ausdrückt. Die überraschendsten formalen Erfindungen sind dabei jene, die auf eine besonders reichhaltige Ikonographie zurückgehen. Unter dem Gesichtspunkt der Typologie lassen sich die Masken in sechs große Gruppen einteilen: 1 Masken aus Blättern, Flechtwerk oder Tuch; 2 Masken, die nur das Gesicht bedecken; 3 Helmmasken; 4 Masken, die auf dem Kopf getragen werden; 5 Masken aus Platten; 6 Masken, die von Figuren bekrönt sind. Sieht man sie unter ikonographischem Aspekt, so ist ebenfalls eine überraschende Vielfalt festzustellen: Tiermasken aller Art, anthropomorphe Masken, Masken phantastischer Geschöpfe und Masken von Mischwesen, aber auch Masken, die die verschiedenartigsten Objekte tragen (Häuser, Stühle, Nähmaschinen, Motorräder usw.)[7].

Erste Anmerkung: Keiner der Stämme, die Masken herstellen, verwendet alle sechs Kategorien. So ist zum Beispiel bei den Dogon keine Helmmaske bekannt, wie sie von den Yoruba, Fang oder Teke bevorzugt wird. Andererseits sind gleiche Kategorien nur in bestimmten Kulturen anzutreffen: Die Plattenmasken etwa gehören einer verhältnismäßig einheitlichen Gruppe an, den Dogon, Bobo und Mossi. Ähnlich verhält es sich bei der Ikonographie. Manche Stämme verfügen in der Bezeichnung oder Sinngebung der Masken über ein außerordentlich reichhaltiges Repertoire (Dogon, Yoruba). Andere kennen dagegen nicht mehr als eine oder zwei Formen (Kurumba).

Zweite Anmerkung: Die Vielfalt der Formen scheint durchaus einer Verschiedenheit der Themen zu entsprechen. Wenn es in einem Stamm nur ein ikonographisches Thema gibt, so sind die stilistischen Varianten innerhalb einer Serie nur gering und lassen sich eher der Hand des Schnitzers zuschreiben. Andererseits ist bei einer Fülle ikonographischer Motive innerhalb einer Serie von Gegenständen eine große Unterschiedlichkeit der Formen zu beobachten.

Es wäre wünschenswert, wenn die Untersuchungen auf diesem Gebiet systematischer betrieben würden. Formale wie ikonographische Reihen könnten dann gemeinsam analysiert werden. Sobald wir über einen nach Stämmen geordneten Katalog verfügen, können wir einerseits formale Gruppen mit dem gleichen Thema erkennen und andererseits Themen verfolgen, die im gleichen ›Stil‹ behandelt sind. Zudem können wir aus diachronischer Perspektive die Entwicklungen (und den Sinn dieser Entwicklungen) überblicken und auf synchronischer Ebene Strukturelemente erkennen, die sich auf die gesellschaftliche Ordnung beziehen. So würde eine Ikonologie im Sinne Panofskys entstehen; ein solcher erster Versuch der zweifachen, aufeinander bezogenen Klassifizierung würde auch – falls die Analysen vom vergleichenden wie vom differenzierenden Standpunkt aus durchgeführt werden – subtilere Erkenntnisse über die kulturellen Identitäten liefern.

Bei der Untersuchung und Beschreibung dieser kulturellen Identitäten sollte man also nicht von der ursprünglichen Reinheit eines Systems, eines Mythos oder der Sitten und Riten ausgehen, als seien sie ein für allemal durch die Tradition definiert und wie diese bewahrt worden. Vielmehr sollten diese Untersuchungen sich mit jenen Kräften befassen, die eine Kultur einsetzt, um Einflüsse von außen in ihre eigene Dynamik zu integrieren. Ich möchte hier noch einmal darauf hinweisen: Unsere Arbeit sollte sich nicht mehr ausschließlich auf ethnographische Studien im engeren Sinne stützen, die in erster Linie von der Synchronie ausgehen. Es scheint vielmehr unerläßlich, eine Verbindung zu historischen Forschungen herzustellen, die neue Perspektiven eröffnen und zugleich auf weitere Probleme aufmerksam machen. Ich verkenne nicht die vielfältigen Schwierigkeiten einer methodischen Ordnung: Manuskript- oder Bildarchive sind äußerst selten und weit verstreut, soweit es alte Untersuchungen betrifft, und die Texttreue, die man von der Aufzeichnung mündlicher Überlieferungen erwarten kann, ist sehr begrenzt. Gleichwohl verhilft die Fülle spezialisierter Monographien heute dazu, daß Werkkataloge verfaßt werden können und daß künftig kritische Analysen und gesicherte Informationen eine solide Grundlage bilden. Von dieser neuen Wissenschaft der afrikanischen Archäologie ist noch vieles zu erwarten.

Aus einer wahrscheinlich übertriebenen Vorsicht und Zurückhaltung heraus wurden bei ethnographischen und historischen Forschungen die Kunst Schwarzafrikas und die symbolischen Darstellungen bisher nicht ausreichend berücksichtigt. Ethnologen und Historiker hegten mit vollem Recht Mißtrauen gegenüber dem oft unmotivierten und oberflächlichen Interesse, das die Kunst Afrikas in Europa erregte – möglicherweise eine kritische Reaktion auf die Studien schlecht oder wenig informierter Essayisten oder ästhetisierender Universalgelehrter, die nicht in der Lage waren, ihre Sujets im Zusammenhang mit der ursprünglichen Umgebung zu sehen. Deshalb neigten die Wissenschaftler dazu, Tänze und Plastiken unter dem engen Gesichtspunkt ihrer religiösen oder gesellschaftlichen Funktion zu interpretieren und ihnen jede allgemeinere Bedeutung abzusprechen. Aber dabei vergaßen sie oder erkannten nicht sogleich, daß die Künste – Tanz, Plastik und sogar die Architektur – für die, die sie ausführten, eine Art Fundus darstellten, aus dem heraus mythische oder historische Ereignisse neu gestaltet und aktualisiert werden konnten. Alles weist darauf hin, daß Wandlungen im formalen Vokabular

Symptome für Wandlungen in den symbolischen Darstellungen, also im gesellschaftlichen System sind.

Der Tanz und die ›Person‹

Viele Tanzzeremonien mit und ohne Kostüm finden zu bestimmten Zeiten statt, die im Ritualkalender festgelegt sind; manchmal liegen lange Zeiträume – bis hin zu mehreren Jahrzehnten – dazwischen. Andererseits werden sie auch bei Ereignissen praktiziert, die nicht vorhersehbar sind, wie zum Beispiel bei einem Todesfall. Im Grunde handelt es sich um Liturgien, die einen stark religiösen Charakter haben. Im Leben einer Gruppe übernehmen sie genau definierte Aufgaben, die je nach den Gelegenheiten sehr unterschiedlicher Natur sein können.

Zeremonien, bei denen der Tanz eine Rolle spielt, sind nicht auf rein choreographische Darstellungen beschränkt: Sie bilden ein Ganzes, in dem Kostüme und Masken, Orchester, Choralmusik und Tanzfiguren, aber auch Rezitative abwechselnd oder gemeinsam mitwirken. Für die Ordnung sorgt ein Szenarium, das von Stamm zu Stamm und selbst innerhalb des gleichen Stammes variieren kann. Noch ein Hinweis: Die Orte, an denen sich die Zeremonien abspielen, haben zwar besondere Eigenschaften, dienen aber nicht ausschließlich diesem Zweck. Sie entsprechen dem täglichen Lebensraum, sei es das Dorf selbst, sein Hauptplatz oder eine Stelle in der nächsten Umgebung, auf den Feldern, im heiligen Hain oder im Wald. Raum, aber auch Zeit: Weil sie zu bestimmten Zeiten aufgeführt werden, wirken diese Zeremonien als Elemente, die der Dauer einen Rhythmus verleihen, die das Einerlei und die täglichen Gewohnheiten durchbrechen. In gewissem Sinne könnte man sagen, daß sie die Zeit strukturieren. Darüber hinaus liegt ihnen aber auch eine Konzeption zugrunde, die gleichermaßen organisch und entwicklungsgeschichtlich bedingt ist und die zu den wichtigsten Momenten des mythischen Denkens zählt.

Nähert sich der Zeitpunkt einer Zeremonie, so werden im Dorf zunächst einmal Speisen und Getränke für mehr als den normalen Verzehr angesammelt. Unter diesem Gesichtspunkt erscheint das ›Fest‹ auch als ein Anlaß zur Verschwendung, als eine Gelegenheit, die zu diesem Zweck zusammengetragenen Vorräte großzügig zu verbrauchen. Dieses Motiv weist eine Verwandtschaft zu dem des Opfers auf, das auf einer anderen Ebene liegt, gleichwohl aber von ähnlichen Voraussetzungen ausgeht. So hat das Opfer zum Ziel, in dem Tier das Immaterielle zu befreien oder, anders ausgedrückt, eine Energie zu bändigen, die überwacht werden muß, weil sie sonst der Gemeinschaft gefährlich werden könnte. Sie wird im Verlauf der durch die Opferpriester bestimmten Riten aufgefangen und unter Kontrolle gebracht. Eine der Aufgaben von Maske und Kostüm ist es also, diese Energie zu fixieren und vollständig zu absorbieren, um dadurch jene zu schützen, die sie überwältigen könnte, und um sie während der rituellen Handlungen zum Wohl der Gemeinschaft neu zu verteilen. Selbst in gebändigter Form ist diese Kraft freilich weiterhin furchterregend. Welche Risiken sie mit sich bringt, bezeugen jene Tänzer, die die gefährlichsten Masken tragen und die ihren ganzen Körper bedecken, so daß nicht die kleinste Blöße der Haut zu sehen ist. Zudem werden zum Beispiel die Träger der großen Sirige-Maske bei den Dogon von einem Helfer begleitet, der sich vor sie stellt, wenn sie die Brust entblößen, um die verwundbare Stelle zu verbergen. Wenn übrigens bei den Dogon eine Frau eine Maske sieht (was ihr ebenso wie den nicht Initiierten untersagt ist), so ist sie ›besessen‹ und wird mit der Bezeichnung *yasigine* (Schwester der Maske) in das *awa* aufgenommen.

Diese Kraft, die überall in der Welt vorhanden ist und beim Tod eines jeden Lebewesens – Tier oder Mensch – freigesetzt wird, muß gezügelt und unter Kontrolle gebracht werden, damit sie zum Nutzen der ganzen Gemeinschaft neu verteilt werden kann. Sie könnte eine Metonymie der Natur sein, die ebenfalls bei bestimmten Stämmen wohltätig und lebenspendend, schädlich und gefährlich zugleich erscheint. Einerseits kreist sie um den Begriff der Person – die nach dem heutigen Stand der Forschung in der Gedankenwelt der Afrikaner offenbar eine zentrale Rolle spielt –, zum anderen um die schon erwähnte organische und entwicklungsgeschichtliche Vorstellung vom Universum, die nicht nur Lebewesen und Dinge umfaßt, sondern auch das, was das Abendland als abstrakte Kategorien betrachtet, wie etwa Zeit und Raum. Zeit und Raum würden ihre vitalen Kräfte verlieren, wenn sie nicht periodisch erneuert würden. Vor allem aber führt diese Energie zu dem Begriff eines Rhythmus, der sich offenbar besonders in jenen Vorführungen äußert, in denen Körper und Musik zusammenwirken, aber auch in der Plastik.

Vielleicht lassen sich durch die sogenannten Besessenheitstänze die verschiedenen Elemente einer komplexen Darstellung, in deren Mittelpunkt die Energie steht, am besten erläutern. Bei diesen Tänzen können nämlich nicht nur die eigentlichen Akteure, sondern auch ihre Helfer unter bestimmten Bedingungen zum ›Pferd des Geistes‹ werden, wie es die Yoruba bei ihrem Orisha-Kult ausdrücken, ähnlich dem ›Voodoo‹ in

Haiti oder dem brasilianischen ›Candomble‹. Nach einem Zustand starker Erregung, in die der Tänzer durch ständig wiederholte Bewegungen im Rhythmus der Musik gerät, verliert er das Bewußtsein seines Ich und öffnet sich dem Geist, dessen Wesen er sich zueigen macht und dessen besondere körperliche Eigenarten er nachzuahmen sucht[8].

Hier, so scheint es mir, gibt es noch reichlich Material für die Forschung. Bisweilen wurden die Tanzszenen auch in die Plastik übersetzt, vor allem bei den Dogon und möglicherweise bei ihren Vorgängern, den Tellem. Einige Figuren stellen den Geist Nommo mit erhobenen Armen dar, wie er in den Kopf eines Hogon – eines religiösen wie zugleich auch weltlichen Häuptlings – eintritt. Zumindest in einem Beispiel (Museum of Primitive Art, New York) ist bei der Plastik die Hirnschale geteilt. Symbolisch, durch Entfernung des Gehirns – das ja Sitz der individuellen Eigenschaften ist – wird die Seelenruhe kenntlich gemacht, die nach der letzten Initiationsstufe bei den Bambara erreicht wird und deren Bild der Ochse ist. Daß dieser Zustand nicht vor der letzten Phase der Initiationsriten eintreten kann, ist ein Beweis dafür, daß er nicht von Natur her gegeben ist, sondern vielmehr in einem langen Prozeß entsteht, der das ganze Leben umfaßt. Andererseits verfügt das ›Pferd des Geistes‹ während der Besessenheit über einen ganzen Code von Gesten und Stellungen, deren Vorführung den inkarnierten Geist erkennen läßt. Mehr noch: Bevor sich der Tänzer auf den ›Spiel‹-Platz begibt, weiß er nicht, ob eine Besessenheit eintritt, noch welcher Geist es sein wird. Das heißt also, daß er ein ganzes Repertoire von Schritten und Figuren beherrschen muß, in denen sich die Persönlichkeit dessen manifestiert, der ihn ›reiten‹ wird. Dieses Wissen ist ihm freilich nicht angeboren, er hat es sich vorher aneignen müssen, zusammen mit den entsprechenden musikalischen Rhythmen: Also keine Spontaneität, sondern im Gegenteil eine genaue Kenntnis dessen, was eine Person ausmacht, was den Körper zum Gehäuse der vorläufigen Inkarnation eines anderen Wesens machen kann.

Eine Bemerkung: Obwohl die Besessenheit echt ist und nicht nur vorgetäuscht, hat sie über ihre klinischen Merkmale hinaus (die nach dem Urteil von Spezialisten epileptischen Anfällen ähnlich sind) doch Züge, die von Theatralik geprägt sind: die Aneignung eines Repertoires von Gesten, die einem bestimmten Geist entsprechen, und ihre ›Inszenierung‹ in einer bestimmten Situation. In seiner Studie über die Besessenheitskulte des *zar* in Äthiopien hat Michel Leiris[8] die Doppeldeutigkeit dieses Phänomens klar herausgearbeitet: Was als absoluter Ausdruck der Subjektivität erscheinen könnte, ist in Wirklichkeit in ein System symbolischer Darstellungen eingebunden, die von der Gruppe entwickelt und von ihr anerkannt werden.

Zweite Bemerkung: Die sogenannten Besessenheitstänze, aber auch andere Tänze mit und ohne Masken, die bei Initiationen, Bestattungen oder anderen Gelegenheiten aufgeführt werden, setzen eine Serie von Überschreitungen in Gang. Sie übertreten die ruhige Ordnung des täglichen Lebens, der Arbeit und der Gesellschaft überhaupt durch ihre Exzesse, durch ihre materielle wie geistige Verschwendung – brutaler und zugleich spektakulärer Einbruch der Natur in die Kultur. Aber umgekehrt verliert bei diesen Tänzen die Kultur keineswegs ihre Rechte und ihre Macht, sondern stellt vielmehr aus dem Chaos wieder eine neue Ordnung her. Sie benutzt dazu ihre eigenen Gesetze, seien es Systeme, die jeder Geste und jeder Position je nach der Initiationsstufe der Personen einen bestimmten Sinn zuweisen und von der ganzen Gruppe verstanden werden, oder seien es die strengen Regeln, die den zeitlichen Ablauf des Festes bestimmen.

Daraus folgt, daß der klassische Gegensatz Natur/Kultur nicht wie ein System funktioniert, das mit dem Ausschluß des einen oder anderen Begriffs arbeitet, sondern wie ein Beziehungssystem. Hier verhelfen gerade das Ungezügelte und die Maßlosigkeit der Natur – die den Keim der Selbstzerstörung in sich bergen und zum Niedergang führen könnten – zu neuen Regeln und Ordnungen. Hier wird der willkürliche Charakter der gesellschaftlichen und kulturellen Gesetze – die sich ihrerseits verhärten könnten und dann als Zwang empfunden würden – ausgeglichen und in gewissem Sinne neu legitimiert. Unter diesem Gesichtspunkt ist die Aufhebung von Verboten, vor allem im sexuellen Bereich, während der Festzeiten kennzeichnend: Es handelt sich nicht um das Öffnen eines Sicherheitsventils, das die natürlichen Triebe freisetzt, wenn die Zwänge des gesellschaftlichen Verhaltens zu große Beschränkungen auferlegen. Vielmehr geht es um die Neuordnung eines Systems, das wie alle menschlichen Schöpfungen einer Legitimation bedarf, damit es nicht abgelehnt wird und von neuem jenem Chaos, jener Unordnung weicht, deren zerstörerische Wirkungen es lindern und vermindern sollte.

Ein Sinnspruch der Bambara besagt, daß der Mensch der Samen des Universums ist. Diese Metapher ist ebenso bezeichnend wie bedeutungsvoll. Sie stellt das Menschengeschlecht in eine Verbindung zu den anderen Arten, zu der Gesamtheit der Lebewesen, und sie führt jede geistige wie materielle Entwicklung auf einen geduldigen Prozeß des Keimens zurück, einen Prozeß, der allen Agrarvölkern vertraut ist. Der Mensch existiert nicht als Individuum, sondern als Person. Vor kurzem hat Marcel Mauss[9] darauf hingewiesen, daß die Person – ihrer

Etymologie nach – eine Maske sei: *per-sona* bedeutet im Lateinischen das künstliche Gesicht, das die Schauspieler tragen und von dem der Klang des Wortes ausgeht und sich verbreitet[5]. Marcel Griaule wiederum hat die Hypothese aufgestellt, daß bei den sogenannten Besessenheitstänzen die Person die Rolle spielt, die dem Holzobjekt vorbehalten ist, das heißt der geschnitzten Maske, die anderswo Gesicht oder Kopf des Tänzers bedeckt[10]. Ich komme deshalb noch einmal zurück auf jene organische und entwicklungsgeschichtliche Vorstellung, die das Denken der Ackerbauern Schwarzafrikas bestimmt: Das Universum, dessen Same der Mensch ist, folgt in seiner Entwicklung einem ähnlichen Prozeß wie die Pflanze, die keimt, sich vermehrt, verwelkt und stirbt. Dieser Vorgang wiederholt sich periodisch, denn in jedem Jahr wird die Pflanze wiedergeboren und eröffnet damit einen neuen Zyklus. Das ist scheinbar die klassische Struktur der Mythe: Tod und Wiedergeburt, und im kosmischen Zusammenhang die ewige Wiederkehr. Doch nur scheinbar, denn keine Wiedergeburt kann sich völlig identisch und auf der gleichen Ebene wie die vorhergehende wiederholen, sie vollzieht sich immer auf einer höheren Stufe.

Das Wissen und der Körper

Wenn vom Menschen gesagt wird, daß er der Samen des Universums sei, so muß er als Konsequenz die Verantwortung für den Schöpfungsprozeß übernehmen. Sich selbst überlassen, neigt die Natur durch ihr Übermaß, durch ihre Verschwendung zur Selbstzerstörung. Die Verantwortung des Menschen ist so definiert: Eingebunden in ein Geflecht von Analogien, ist er solidarisch mit dem Universum, dessen Teil und verkleinertes Abbild er ist. In dieser doppelten Eigenschaft wacht er einerseits darüber, daß die Natur nicht beleidigt oder unfruchtbar gemacht wird, daß Beschädigungen wiedergutgemacht werden und die Fruchtbarkeit sich wieder herstellt; zum anderen sorgt er dafür, daß sie nicht in einen Prozeß der Entartung oder des Verfalls gerät. Außerdem ist es seine Aufgabe, die Ausbeutung des Universums, der kosmischen Ordnung in Grenzen zu halten, doch keineswegs, um sie in dem Zustand zu belassen, in dem er sie vorgefunden hat, sondern um ihr eine ungestörte Entwicklung zu ermöglichen. Sei es nun bei den Anfangs- und Schlußriten der Initiation für Jugendliche, bei Ernten oder Aussaaten, bei Sühneriten oder der Initiation Erwachsener, bei Zeremonien, die in langen Zeitabständen stattfinden (wie die des Sigui, der bei den Dogon alle sechzig Jahre gefeiert wird), bei der Inthronisation eines Herrschers oder Häuptlings, vor einem Kriegszug oder bei Leichenfeiern: Die Tänze sind es – in Kostümen oder nicht –, die wieder Teile und manchmal die Gesamtheit der Schöpfungsmythen in das Gesellschaftssystem einführen. Diese Wiedereinführung ist freilich keine wesensgleiche Wiederholung. Geht man davon aus, daß Mikrokosmos und Makrokosmos, kosmische und irdische Gesetze in enger Verbindung stehen, so hat ein Ereignis in dem einen Bereich unmittelbare Rückwirkungen auf den anderen Bereich. Wiederholt man also auf der Erde als Reproduktion jene Ereignisse, die auf die Ursprünge zurückgehen, so werden sie wieder Wirklichkeit und mit neuem Leben erfüllt, soweit sie einer vorgezeichneten und von einem Gott oder Demiurgen geschaffenen Ordnung entsprechen. Neu beschworen wird in periodischer Rückkehr zu den Ursprüngen der Strom natürlicher Energie, den es zu kanalisieren gilt, und neu beschworen wird auch, was in jenen mythischen Zeiten, als der Mensch zum erstenmal auftrat, sich jener Kraft widersetzte und was die Reinigungs- und Sühneriten beschwichtigen müssen. Aus dieser Sicht spielt die getanzte Zeremonie eine doppelte Rolle: Sie bändigt die Rhythmen der Natur und vertieft des Wissen.

Ein gnostischer Hymnus des 2. Jahrhunderts läßt Christus sagen: »Wer nicht tanzt, weiß nicht, was sich ereignet.« Der Tanz setzt einen Prozeß der Erkenntnis und der Übermittlung des Wissens in Gang (jenes ursprünglichen Wissens, das die deutsche Philosophie mit dem Wort ›Urnatur‹ bezeichnet). Gleichzeitig strukturiert der Tanz durch das Wissen, das erlebte Erfahrung in Erinnerung bringt, die Gesellschaft; denn durch den lebendigen Bezug auf das, was am Anfang der Zeiten geschah, legitimiert er die sozialen und religiösen Gesetze, die respektiert und beachtet werden müssen. Dennoch besteht das Wissen, das auf diese Weise vermittelt wird, keineswegs aus ein für allemal festgelegten, unveränderlichen Doktrinen. Der Tanz selbst gehört in ein Grenzgebiet, das Natur und Kultur einerseits trennt, andererseits aber auch vereinigt: Er setzt die Teilnehmer schweren Gefahren aus, vor denen er sie zugleich zu schützen sucht. Sonst wäre auch die Initiation, deren Aufgabe es ist, die Gesetze zu übermitteln und zu bekräftigen, denen die Teilnehmer gehorchen müssen, nicht zu verwirklichen. Angesichts der wirtschaftlichen Aufwendungen, die sie in Form von Leistungen aller Art erfordert, kann sie sich über ein ganzes Leben erstrecken. Denn durch die verschiedenartigen Interpretationen werden die Mythen bereichert, verzweigen sie sich und erschließen durch die Aufnahme neuer Elemente eine Realität, die immer komplexer wird. Was den Tänzer und sein Publikum angeht (und das erklärt die Vorsichtsmaßregeln, die ergriffen werden müssen, vor allem aber die Tatsache, daß nur die Initiierten das Recht haben, bestimmten Zeremonien beizuwohnen), so befinden sie sich in einer gefährlichen Lage: Entweder werden sie von der Natur überwältigt (die Krisen der Besessenheit, die zufällig auftreten, müssen sofort in das System eingefügt werden), oder das Ritual wird verfehlt (das heißt, es wird nicht genug Kraft aufgebracht, um die Regeln des Gemeinschaftslebens wiederzubeleben, so daß dem Kollektiv der Nutzen entgeht, den man sich erhofft hatte).

Jeder gesellschaftliche oder individuelle Fortschritt im Wissen ist in seiner Langsamkeit – ähnlich dem Wachstum der Pflanzen – eng mit der Entwicklung verbunden, die sich von einer Phase der Initiation zur nächsten vollzieht: Niemand erreicht den Zugang zu einer höheren Stufe, wenn er nicht den ganzen Weg durchschritten hat, der dorthin führt. Also kein plötzlicher Aufbruch zur Eroberung des Wissens, sondern das Bewußtsein, daß man in jedem Augenblick dieses Weges gewärtig sein und der Wirklichkeit der Welt verhaftet bleiben muß. Bei diesem stetigen Fortschreiten können zufällige Ereignisse verarbeitet werden, ohne daß sie ablenken oder vom Weg abbringen. Diese Einstellung ist schon in den ersten Stufen der Initiation zu finden: Bei den Bambara werden den Jünglingen Werkzeuge vorgelegt, die in einer chronologischen Folge geordnet sind und konkret die langsame Entwicklung der Techniken und ihren Fortschritt demonstrieren. Gleichwohl scheint sich dieser Fortschritt nicht geradlinig zu vollziehen: Er folgt einem Rhythmus, der der Spirale im Wachstumsprozeß der Pflanze verwandt ist und der bei den Dogon seinen Niederschlag im Mythos wie in der Plastik gefunden hat[11].

Bei den verschiedenen Manifestationen des sozialen Lebens, aber vor allem bei den Tänzen mit oder ohne Kostüm und in der Plastik zeigt sich, daß ihre geistigen Strukturen auf einen zweifachen Begriff des Rhythmus zurückgehen, entsprechend dem Kontrast zwischen Natur und Kultur. Die Musik Afrikas erfordert einen starken physischen Einsatz der Musiker und ein großes Klangvolumen der Instrumente; die Orchester bestehen vorwiegend aus Schlaginstrumenten, begleitet von Chor- oder Solostimmen sowie Blasinstrumenten, seltener auch von Saiteninstrumenten. Andererseits ist sie auf einer höchst komplizierten Polyphonie auf der Basis stark rhythmisch akzentuierter Sequenzen aufgebaut. Bei den Pygmäen in Gabun, deren Musik vorwiegend vokal ist, hat Herbert Pepper Gesänge aufzeichnen können, die wie achtstimmige Fugen ineinander verschachtelt sind[12]. Mit anderen Worten: Der Klangfluß verbindet sich mit den Kräften der Natur, wird aber durch rhythmische Elemente strukturiert, die einerseits in ihrer Wiederholung die Kontinuität betonen und ihn andererseits durch ein Netz von Bedeutungen regulieren. Das System von Analogien setzt den Mikrokosmos zum Makrokosmos, die irdische Ordnung zur kosmischen Ordnung in Beziehung.

Jeder Maske, jeder Tanzfigur wird ein bestimmter Rhythmus zugeschrieben, der das anwesende Immaterielle symbolisiert und bezeichnet. Genauso verhält es sich bei den Besessenheitstänzen: Sobald sich der Geist zu erkennen gibt, spielt das Orchester die für ihn typische Musik. Wenn die Zeremonie, wie ich schon erwähnte, eine Überschreitung darstellt, so wird diese Überschreitung doch wieder institutionalisiert. Sie hat offenbar keinen spontanen, anarchischen Charakter, wie der Westen es ihr leichtfertig nachgesagt hat. Der langsame Prozeß der Initiation, dessen Phasen durch die Zeremonien markiert werden, ist in dem spiralförmigen Denken, von dem ich bereits sprach, auf die Rhythmen der Natur bezogen. Er kanalisiert sie und versetzt sie in Spannung, indem er sie der Wirkung unterordnet, die man von ihnen erwartet. Auf der einen Seite also der vitale Aspekt des Rhythmus, wie er sich im Gruppen- oder Solotanz und in der Musik zeigt, wo er die Kraft der Natur zur Gemeinschaft zurückführt und sie bei den periodischen Zeremonien wieder verteilt. Auf der anderen Seite ein regulierender und ordnender Aspekt, der sich auf das von der Gruppe anerkannte System der Klassifikationen stützt und die Beziehungen der Menschen untereinander, aber auch die der Menschen und der anderen Lebewesen regelt und die kosmobiologischen Zusammenhänge herstellt.

Hier handelt es sich also um eine wahre Kultur des Körpers, die sich durch das komplexe Netz der Analogien zum Universum außerhalb des dualistischen Denkens stellt. Sie trägt den physiologischen Gegebenheiten ebenso Rechnung wie den gesellschaftlichen Regeln. Sie entwickelt sich im Verlauf einer Lehrzeit, in der Schritte und Figuren in Übereinstimmung mit der Gesamtheit der Zeremonie gelehrt werden und das Verständnis in den Initiationsschulen vertieft wird. Und schließlich trägt sie den Konflikt zwischen Chaos und Ordnung, Unordnung und Gesetz in die Gesellschaft hinein, mit dem Ziel, ihn durch seine eigenen Spannungen arbeiten zu lassen. Im übrigen sind die Zeremonien, für die der Körper die Grundlage darstellt, nicht Schauspiele im eigentlichen Sinn: Sie finden statt in einem Bereich, der dem des Alltagslebens entspricht und den sie so wieder erneuern. Indem sie auf die eigene Kultur zurückgreifen, tragen sie unmittelbar zur kollektiven Identität bei. In Europa wie in den Vereinigten Staaten, wo das traditionelle Schauspiel und die Choreographie ganz andere Aspekte haben, wo der Körper in einer dualistischen Denkstruktur dem Geist gegenübergestellt oder ihm untergeordnet wird, ist eine neue künstlerische Strömung zu registrieren, die sich – nicht ohne eine gewisse Naivität – diesen rituellen Zeremonien zuwendet. Man empfindet Nostalgie angesichts einer Kunst, die nicht vom Leben getrennt ist, sondern von neuem das Gefühl der Übereinstimmung zwischen Mensch und Universum vermittelt. Obgleich die Versuche, Choreographie und Theater zu erneuern, zumeist zum Scheitern verurteilt sind, führen sie doch immerhin dazu, daß unser Denken – außerhalb jedes exotischen Reizes – auf das Denken der anderen gelenkt wird. Sie fallen freilich in eine Krise des Abendlandes wie auch Schwarzafrikas, das allmählich seine Traditionen aufgibt oder sie zumindest ändert, wobei es zugleich versucht, seiner Identität treu zu bleiben. Ich möchte noch einmal wiederholen, womit ich begonnen habe: Die Geschichte einer Frage ist ein Teil der Frage selbst, sie ist untrennbar von dem, der sie stellt.

Jean Laude
Professor der Kunstgeschichte
Universität Paris

Anmerkungen

1 Vgl. zu diesem Punkt die wichtige wissenschaftliche Untersuchung von Ezio Bassani: *Scultura africana nei musei italiani*, Bologna 1977.

2 In einer bemerkenswert gut dokumentierten Dissertation, die der Universität Paris im Juni 1974 unter dem Titel *Le Dénigrement* vorgelegt wurde, hat Jean-Louis Paudrat dieses Schrifttum sehr genau analysiert und ihm ein eigenes Kapitel gewidmet: ›La forêt danse‹.

3 Lajoux, D., *Merveilles du Tassili*, Paris 1977, S. 54 und 58.

4 Lebeuf, J.-P. und A., *Les Arts des Sao*, Paris 1977, Abb. 65, 66, 67.

5 Griaule, M., *Masques Dogon*. Paris 1938.

6 Le Moal, G., ›Rites de purification et d'expiation‹, in: *Système de signes*, Paris 1978.
Vgl. zu diesem Punkt auch die Studie von J.-L. Paudrat, ›La sculpture africaine: tradition et création‹, in: *Sculpture d'Afrique*, Genf 1977.

7 Einzelheiten zu dieser Typologie finden sich in meinem Buch *Les Arts de l'Afrique noire*, Paris 1966.

8 Beschreibungen und Analysen dieser Phänomene enthalten vor allem: M. Griaule, *Arts de l'Afrique noire*, Paris 1948, S. 100–103; M. Leiris, *La Possession et ses aspects théâtraux chez les Ethiopiens de Gondar*, Paris 1958. Vgl. ebenso die Filme von Jean Rouch, *Yennedi* (den Besessenheitstänzen der Sonrhaï am Niger gewidmet), *La Bataille du grand Fleuve* und *Les Maîtres fous*.

9 Mauss, M., ›Une catégorie de l'esprit humain. La notion de personne, celle de moi‹, in: *Journal of the Royal Anthropological Institute*, Bd. XVIII, London 1938.

10 Griaule, M., *Arts de l'Afrique noire*, op. cit., S. 103.

11 Zu diesem Punkt darf ich auf meine Arbeit hinweisen: *African Art of the Dogon. The myths of the Cliffs Dwellers*, New York 1973.

12 Pepper, H., *Anthologie de la vie africaine (Moyen-Congo, Gabon)*, Ducretet-Thompson, 320 C 126–127–128 (mit Broschüre).

Die Befreiung unseres Landes im Jahre 1945 war für mich und sicherlich viele Menschen meiner Generation ein ganz besonderer Moment. Endlich war uns die Freiheit wiedergegeben, und wir konnten daran denken, unser Leben zu führen, etwas zu unternehmen, auf Entdeckungsreise zu gehen...

Ich war ein junger, abenteuerlustiger Fotograf, und es schien mir nun, daß die ganze Welt mir offen stehe. Immer schon war ich von Entdeckungen fasziniert gewesen: von unbekannten Gebieten, alten Kulturen, Gebräuchen und Lebensweisen, die sich von den unseren unterscheiden, von der Schönheit in all ihren Erscheinungsformen. Ich ahnte, daß unser industrielles Zeitalter unheilvolle Rückwirkungen auf jene Länder haben würde, die bis dahin von diesem ›Fortschritt‹ nicht berührt worden waren, und daß man sofort versuchen mußte, durch die Fotografie die Werte zu dokumentieren oder sogar zu retten, die zu verschwinden oder sich zu verändern drohten.

Doch für welchen Erdteil sollte ich mich entscheiden? Südamerika, Asien, Afrika – alles zog mich gleichermaßen an.

Die Entscheidung fiel eher zufällig durch eine Reportage im Museum der Afrikanischen Künste. Schon beim Vorgespräch im Büro des Museumskonservators eröffneten sich mir Horizonte, die mich faszinierten. Und später im Museum erwachten Masken und Figuren in der Beleuchtung der Scheinwerfer zum Leben, sie erschienen mir wie Träger einer Botschaft. Ich spürte die respektvolle Arbeit des Schnitzers, der sein Werk in einer religiösen Vision vollendet. Unbekannte Worte ließen mich nicht mehr los: Wer waren diese geheimnisvollen Fang, Baule, Senufo, Bambara, die mich so sehr in ihren Bann zogen? Zwischen den Masken und mir begann ein Zwiegespräch, das im Lande selbst seine Fortsetzung finden mußte. Ich war wie ›verhext‹, ich mußte dem Ruf Afrikas folgen.

Um Ethnologie ging es mir nicht. Ich überlasse den Wissenschaftlern die präzisen vergleichenden Analysen eines jeden Stammes. Ich war, so glaube ich, ein Mann, der sich an Ort und Stelle orientieren mußte. Von Senegal bis zum Kongobecken, von den Dünen der Sahel bis zum Golf von Benin, vom dornigen Busch bis zum schwül-heißen Urwald habe ich – ohne ein Land zu bevorzugen – den ganzen afrikanischen Kontinent kennengelernt. Dieses Land zu erfühlen, um es dann in Bilder zu übersetzen, das war mein Ziel.

Materielle Probleme gab es genug. Ich benötigte vor allem ein Fahrzeug, um unabhängig zu sein. Wenn heute mit allen Raffinessen ausgerüstete Karawanen sich gegenseitig ihre Kunden streitig machen, um auf ausgebauten Wegen zu gut ausgestatteten Zeltplätzen zu reisen, so ging es in den Jahren 1950 bis 1955 anders zu... Die kaum erkennbaren Wellblech-Pisten, eine eingestürzte Brücke, ein umgestürzter Baum, Opfer des letzten Sturms, der den Weg blockierte, die Pannen, die Sandwinde – das gehörte damals zur täglichen Routine.

Zunächst brauchte ich also ein Fahrzeug; es war der Renault Savane, ein Wagen mit einem ausgezeichneten Motor, was freilich nicht auf die Federung zutraf, die immer wieder brach und mir viel Sorgen gemacht hat. Im Inneren beförderte ich mein Bett mit Moskitonetz, meinen Küchenkasten und die Konserven, den Wasserfilter und eine größere Benzinreserve. So hatte ich mein Haus im Gegensatz zur Schnecke nicht auf dem Rücken, sondern hinter mir, aber ich konnte mich einrichten und Halt machen, wo ich wollte, um abzuwarten, bis die klimatischen und psychologischen Bedingungen mir günstig erschienen. Ich war geduldig und hatte die Möglichkeit, mich in Geduld zu üben.

Eine weitere materielle Frage betraf die Fotoausstattung. Bei der Abreise besaß ich zwei gute Rolleis 6 × 6, die eine für Schwarzweiß-, die andere für Farbaufnahmen. Ich bin heute noch glücklich über dieses relativ große Format, das sich sehr gut für meine Art von Aufnahmen eignete. Später faszinierte mich die Hasselblad mit den vielen Möglichkeiten, die auswechselbare Objektive und Magazine hier boten. Sie ermöglichte mir die rasche Wahl verschiedener Blickwinkel und unterschiedlich empfindlichen Filmmaterials. Der Weitwinkel verhalf mir zu räumlicher Tiefe, aber auch zu einer schnellen Orientierung, die es mir erlaubte, meine ganze Aufmerksamkeit auf die Aufnahme selbst zu richten. Die belichteten Farbfilme wurden unter meiner Kleidung aufbewahrt und sobald wie möglich per Luftpost nach Frankreich gesandt.

Schnell hatte ich entdeckt, daß Musik und Tanz keineswegs nur eine Zerstreuung waren, sondern daß vielmehr das eine wie das andere den Ausdruck dessen darstellte, was man als die afrikanische Lebensform bezeichnen kann. Ob es sich um Hochzeiten, um Begräbnisse, um Erntefeiern oder die Initiation handelt, alles wird im Rhythmus der Trommel, im Klang der Schellen und Trompeten erlebt, wird durch bestimmte Masken interpretiert und folgt einem Zeremoniell, das sich seit Jahrhunderten nicht verändert hat. Ich habe auch begriffen, daß man mit Feingefühl vorgehen muß: Man sollte zum Beispiel die Bauern nicht bei der Feldarbeit stören, sondern versuchen, gegenwärtig zu sein, wenn der Augenblick günstig ist, das heißt ganz allgemein während der Trockenzeit. Dann geht das Dorfleben einen anderen Gang. Sobald die für die tägliche Nahrung notwendige Ernte in die Scheuern gebracht ist, haben die Afrikaner Muße, sich mit den Initiationszeremonien zu beschäftigen, ihren Verpflichtungen gegenüber den Seelen der Ahnen nachzukommen und diesem oder jenem verstorbenen Häuptling die Totenehren zu erweisen, die ihm zustehen.

Sehr oft konnte ich so, während ich ganz ›unschuldig‹ zu einem günstigen Zeitpunkt herumschlenderte, spontan einen Tanz miterleben, ohne daß ich zuvor Verbindungen hergestellt hätte. Aber nicht überall konnte ich ›zufällig‹ erscheinen; ich hätte viele Leben gebraucht, um alles zu fotografieren, was mir wichtig erschien. Es war also manchmal nötig, dem Schicksal etwas nachzuhelfen.

Sehr wertvoll war für mich die Unterstützung der Behörden. Die meisten der damaligen Kreiskommandanten hatten schon von der einen oder anderen Zeremonie gehört oder waren sogar zugegen gewesen. Sie begleiteten mich; dadurch war der Kontakt mit dem Dorfhäuptling schnell hergestellt. Dann begann das Palaver . . . Natürlich wollten die ›Männer des Tanzes‹ nichts lieber, als sofort in Aktion treten, und ich hatte den Vorteil, freundlicher als ein Steuereinnehmer empfangen zu werden. Aber da der afrikanische Tanz nun einmal einen sakralen Charakter hat, schickte es sich nicht, ihn einem völlig Fremden vorzuführen. Ich mußte also ihr Vertrauen gewinnen, eine freundschaftliche Atmosphäre schaffen. Ohne weiteres bot mir das Dorf die Gästehütte an, nachdem ihnen meine Ausrüstung gezeigt hatte, daß ich in der Lage war, beliebige Zeit abzuwarten. Ich war also aufrichtig, aber ich verlangte auch etwas von ihnen, denn ich gab ihnen klar zu verstehen, daß ich mich nicht mit ein paar Pirouetten zufrieden geben würde, sondern daß ich bestimmte Masken oder Kostüme der großen Zeremonie sehen wollte.

Manchmal war es unerläßlich, sich gewissen Riten zu unterziehen. So mußte ich bei den Baule eine Flasche Palmwein über dem Grab der Königin Pokou ausschütten, um die Totengeister zu befragen . . . Die Zustimmung wurde gegeben.

Die afrikanischen Verbote erstreckten sich zuweilen auch auf uns, und wenn der Anblick bestimmter Masken den Frauen untersagt war, dann konnte meine Frau, die mich begleitete, keine Ausnahme machen. Ich muß allerdings hinzufügen, daß meiner Frau immerhin manchmal Genugtuung dafür zuteil wurde, daß sie so in den Hintergrund treten mußte: so in Nordkamerun in einem Dorf, das damals über keine passierbare Straße erreichbar war und wo die Leute seit Menschengedenken niemals eine weiße Frau gesehen hatten. Die Begeisterung war groß: Die Frauen hockten sich im Kreise um sie und stießen zwischen ihren Lippenpflöcken Laute des Lobes und des Entzückens hervor. Auch sonst wurde sie überall gut aufgenommen. Manchmal fanden auch Kinder ihren Vornamen heraus, so daß sie für viele kleine Bambara ›Mama Ghislaine‹ wurde.

Aber wenden wir uns nun dem Tanz zu, seinen Vorbereitungen und den unvorhergesehenen Hindernissen. In Benin, im Inneren des Yoruba-Landes, von dem wir so viel erwarteten, hatte in unserem Dorf seit mehreren Monaten kein Tanz mehr stattgefunden. Das Dorf hatte seine Steuern nicht entrichtet und war kaum imstande, sie je zu bezahlen. Lange Palaver wurden abgehalten . . . Eine Spitzfindigkeit, der besten Diplomaten würdig, brachte den Dorfhäuptling schließlich auf die Idee, daß der Tanz ein Geschenk verdiene und daß dieses Geschenk vielleicht eine fiskalische Regelung ermöglichen würde . . . Kurz und gut, wir erlebten den Tanz, die Yoruba erhielten ihr Geschenk, und die Verwaltung bekam ihre Steuern.

Auch die Kostüme verursachten zuweilen Probleme. An manchen Orten war der Tanz außer Gebrauch gekommen, und die Kostüme existierten nicht mehr. Das sollte aber kein Hindernis sein, wir warteten . . . und das Dorf machte sich mit der alten Begeisterung daran, Tierfelle zurechtzuschneiden und sie mit Kauri, mit Affenhaaren und Pflanzenfasern zu verzieren, um so die verlorene Pracht wiederherzustellen. In Obervolta war es beeindruckend, die Leute am frühen Morgen in den Busch ziehen zu sehen, wo sie jene zartgrünen Blätter der Karite sammelten, aus denen die Gewänder für die Tänzer gemacht wurden. Da die Tradition verlangte, daß jeder vollkommen in Blätter eingehüllt war, kann man sich gut vorstellen, welche Mengen gepflückt werden mußten.

Manchmal stellten sich Gebote anderer Art gegen unsere Pläne. So in Tschad, wo die schönen Frauen von Korbo aus dem Stamm der Dangaleat unter dem Druck einer protestantischen Mission mit weiten ›Boubous‹ ihre traditionelle Tracht bedeckten, die ein wenig an alt-ägyptische Reliefs erinnert. Ihre geflochtene Kopfbedeckung und die schweren Armbänder aus Nägeln waren nur in Verbindung mit dem echten Kostüm sinnvoll. Nur mit großer Überredungskunst erreichten meine Frau und ich schließlich, daß die Frauen (es waren gut dreißig) ihre Boubous ablegten, so daß ihre herrlichen traditionellen Kostüme sichtbar wurden.

Nach und nach erscheinen die Teilnehmer... In den Bergen Nordkameruns steigen die Falli die Hänge herab und nähern sich dem Tanzbaum; anderswo leeren sich die Nachbardörfer. Der Urwald selbst erlaubt, daß sich der heilige Hain halb öffnet, um sein Geheimnis erahnen zu lassen. Umgeben von Musikanten tritt die Maske aus dem Wald. Die Dorfältesten versammeln sich, die Kinder werden ungeduldig, und von der Trommel kommen die ersten Klänge...

Ganz langsam formiert sich der Tanz. Jeder nimmt den Platz ein, der ihm in der gemeinschaftlichen Zeremonie zukommt, denn nur selten wird ein einzelner Tänzer besonders herausgestellt. Nur die Masken, bei denen man nicht weiß, wer sich hinter ihnen verbirgt, spielen eine beherrschende Rolle, obwohl sie sich dem Tanzmeister und dem Rhythmus, den ihnen die Musik nach und nach auferlegt, unterzuordnen haben.

Es gab hinreißende Augenblicke, die mir unvergeßlich bleiben werden. Ich fotografierte, so viel ich konnte, richtete meine Kamera nach rechts, nach links, versuchte die ganze Gruppe zu erfassen und mischte mich zwischen die Tänzer, um eine Bewegung festzuhalten. Zuerst amüsierte ich sie, dann steckte meine Begeisterung sie an. Wir wurden von der gleichen Dynamik mitgerissen, und jählings befreiten sich die Tänzer von dem ›Fremden‹, nahmen mich vollständig auf oder vergaßen mich vielleicht. Die Wahrheit des Tanzes wurde offenbar.

Währenddessen litt mein Fotografenauge. Das Licht war nicht immer ideal. Ich hätte gern bestimmte Elemente im Detail gezeigt und bestimmte Gesten hervorgehoben. Wenn der Rhythmus sich verlangsamte oder ein Nachlassen in der Intensität der Handlung spürbar wurde, griff ich ein. Mit Freundlichkeit und Autorität brachte ich die wichtigsten Personen ins rechte Licht, instruierte sie und ließ wieder von neuem beginnen. So wurde ich zum Anführer des Spiels, weil ich es im Bild festhalten wollte.

In der Zwischenzeit war meine Frau darum bemüht, so viele Informationen wir nur möglich zu sammeln. Das war keine leichte Sache; ein Europäer hat es schwer im Organisationslabyrinth afrikanischer Völker, das sich aus vielen verschiedenen Gruppen und Stämmen zusammensetzt. Außerdem kann man eine komplizierte Realität, deren Wurzeln viele Jahrhunderte zurückreichen, nicht mit einigen Worten erklären. Die afrikanische Liebenswürdigkeit neigt zur Zustimmung, und sei es nun Schlichtheit oder Raffinement, die Antwort fiel stets positiv aus, auch wenn man Gegensätzliches vorschlug.

Am Ende stand stets das Zeremoniell der Geschenke (neuer Geldscheine): entweder an den Häuptling, der sie verteilte, oder, den Bräuchen entsprechend, in die Frisur der Frauen gesteckt.

Wir trennten uns als gute Freunde mit dem festen Versprechen zurückzukehren. Dieses Versprechen habe ich gehalten, denn meine Rundreisen brachten es mit sich, daß ich manchen Stamm viele Male wiedersah, immer wieder mit neuem Interesse und Freude an neuen Entdeckungen.

Was soll man nun den vielen Menschen sagen, die heute Schwarzafrika entdecken und zumindest einen Teil dessen kennenlernen möchten, was ich damals erleben durfte? Man spricht heute vom Ertrag der Baumwolle, der Vermarktung des Kaffees und des Öls, von Exportmärkten, von der Verwandlung der Ortschaften in schöne Städte. Das sind Realitäten, die aber das wahre Afrika nicht verbergen sollten; denn nach einer vorübergehenden Krise wird Afrika wieder zu den Ursprüngen zurückfinden und aus dieser Quelle schöpfen.

Aber Afrika teilt sich nicht leicht mit. Der Tourist findet hier genau das, was er sucht: Sonne, Strände, Erholung und Schautänze. Doch der anspruchsvolle Reisende wird die alten, vergessenen Routen wiederfinden, sich dem Rhythmus des Landes anpassen und bewußt das Afrikanische aufnehmen, seine Würde und seine Philosophie. Er muß nur – und das vor allem anderen – mit offenem Herzen durch das Land reisen.

Michel Huet

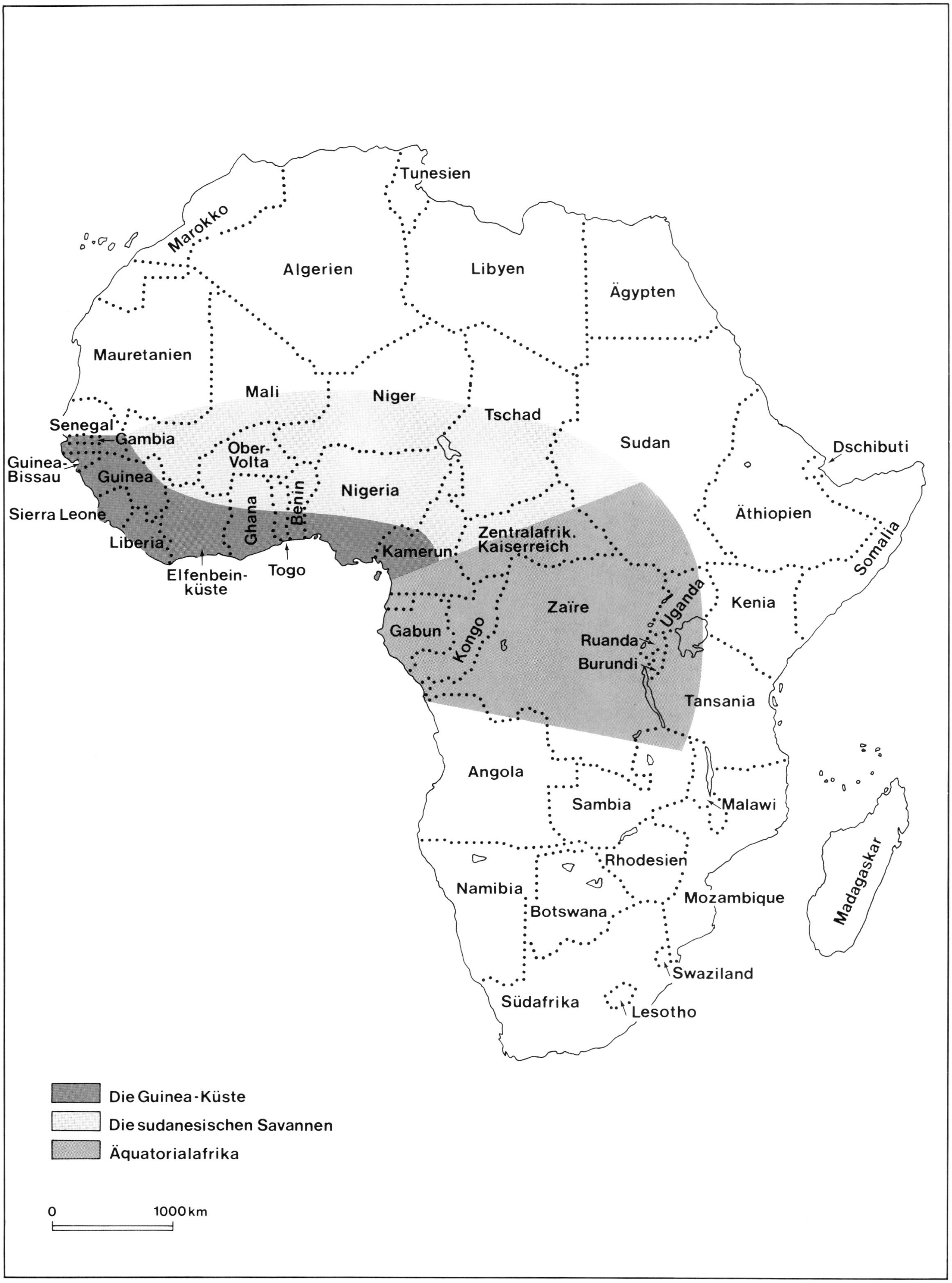

Tunesien
Marokko
Algerien
Libyen
Ägypten
Mauretanien
Mali
Niger
Tschad
Sudan
Senegal
Gambia
Dschibuti
Guinea-Bissau
Ober-Volta
Guinea
Nigeria
Äthiopien
Sierra Leone
Ghana
Benin
Zentralafrik. Kaiserreich
Liberia
Kamerun
Somalia
Elfenbein-küste
Togo
Uganda
Kenia
Zaïre
Gabun
Kongo
Ruanda
Burundi
Tansania
Angola
Sambia
Malawi
Rhodesien
Madagaskar
Namibia
Mozambique
Botswana
Swaziland
Südafrika
Lesotho
Die Guinea-Küste
Die sudanesischen Savannen
Äquatorialafrika
0
1000 km

Die Guinea-Küste

1 Djola
2 Koniagi und Basari
3 Fulbe
4 Kissi
5 Baga und Nalu
6 Toma
7 Kono, Dan und Guere
8 Guro
9 Baule
10 Ewe
11 Fon und Yoruba
12 Bamileke und Bamum

Die Ziffern links und rechts am Textrand verweisen auf die entsprechenden Abbildungsnummern.

Die Küste West-Guineas

Senegal

Djola, Diula (Basse Casamance)

1 Die *Kabisa* – die große Holztrommel –, unter einem Schutzdach aufgestellt und mit der Hand oder mit Stöcken geschlagen, kündet die wichtigen Augenblicke im Gemeinschaftsleben der Djola an.

Mit monotonem Klang (gis, 6/8-Rhythmus) zeigt sie den Tod eines Dorfältesten an. Man hört sie zu Beginn des Leichenbegängnisses und während der Trauerzeremonien. Sie erklingt aber auch bei der Rückkehr von einem Jagdzug, wenn er besonders erfolgreich war.

Eine Kabisa zu schnitzen oder sie zu benutzen, ist allein den Initiierten vorbehalten, weil sie eine religiöse Funktion besitzt. Entsprechend darf sie nur bei Trauerzeremonien oder bei Riten, die die Kräfte des Busches versöhnen sollen, eingesetzt werden. Aber der Klang der Kabisa verkündet auch den Beginn der Jahreszeit, in dem die Wettkämpfe im Ringen stattfinden, jene Zeit der allgemeinen Belustigungen, die auf die Ernte folgt.

Die Ringer – *Atuma* – sind junge Männer zwischen sechzehn und zwanzig Jahren. Paarweise, als Kontrahenten, stehen
3 sie sich gegenüber; jeder Ringer vertritt ein Dorf oder ein Dorfviertel. Der Kampf selbst dauert nur kurze Zeit, etwa zwei bis drei Minuten. Zudem unterliegt er strengen Regeln. Die Djola lernen und üben von frühester Jugend an die etwa zwanzig wichtigsten Griffe, die man unbedingt beherrschen muß, um an einem *Katag* teilnehmen zu dürfen.

Diese Wettkämpfe, in deren Angriffs- und Ablenkungsmanövern sich die Kraft, die Beweglichkeit und die Schnelligkeit der Atuma zeigt, sind in den Augen der Djola nicht Ausdruck hartnäckiger Rivalitäten zwischen einzelnen Dörfern oder Dorfvierteln, sondern scheinen im Gegenteil eine Art obligatorisches Vorspiel zu den freundschaftlichen Zusammenkünften der verschiedenen Jugendgruppen darzustellen. Durch die Wettkämpfe wird die Solidarität bekräftigt. Deshalb zeigen sich auch beim gemeinsamen Tanz nach dem Katag Sieger und Besiegte als brüderliche Paare.

2 Am Ende des Wettstreits werden drei Trommeln in die Mitte des Platzes gestellt, auf dem die Kämpfe stattgefunden haben. Eine davon, eine sehr viel kleinere Holztrommel als die Kabisa, ist die *Konkon;* sie hat dem Tanz den Namen gegeben.

Den ›Tanz der Ringer‹ kennzeichnet ein wechselnder Rhyth- 4
mus: Vorschreiten und Zurücktreten der Tänzer. Während der kurzen Pausen zwischen diesen beiden Bewegungen, die von den Trommeln bestimmt werden, erklingt das schrille Bimmeln der Schellen und Glöckchen, die die Atuma an den Knöcheln oder an ihren Gürteln tragen.

Kostüm und Schmuck der Atuma sind typisch für den Katag-Konkon: Auf dem fast kahl geschorenen Kopf wird ein Haarbüschel stehengelassen, in das weiße und rote Federn oder auch ein Kranz von Kaurischnecken gesteckt sind. Hals, Arme und Beine sind mit unterschiedlichen Ringen aus Metall, Glasperlen oder Bast geschmückt. Am ›Gürtel der Ringer‹ – dem *Ekei* – ist außer den Schellen eine Art Schweif aus roten Fäden und die Scheide der Waffen befestigt, die nur beim Tanz gezückt werden. Die Resonanzkörper der Schellen an den Knöcheln sind aus Bast geflochten. Dieses Flechtwerk wird heute oft durch Milch- oder Bierdosen ersetzt.

Bibliographie
Thomas, L. V., *Les Diola,* Mémoires de l'I.F.A.M., Paris-Dakar 1959

Guinea

Koniagi und *Basari* (Region Youkounkoun)

Diese beiden Stämme bewohnen die nordöstlichen Ausläufer des Fouta-Djalon-Gebirges. Zahlreiche und enge Kontakte mit der Außenwelt haben bei den Koniagi in den Ebenen zu einer schnelleren Veränderung der Traditionen geführt als bei den Basari im hügeligen Buschwald. Dennoch haben beide Stämme eine besondere Ausdruckskunst des Körpers und ein Gefühl für Ornamentik bewahrt.

Die Kleidung der Basari wirkt zurückhaltender. Die Männer tragen zum Beispiel ein Penisfutteral aus geflochtenem Bast und ein dreieckiges Stück Antilopenfell über dem Gesäß – im Gegensatz zu den Koniagi, die gern Baumwollstoffe und eingeführtes Tuch verwenden.

Die Haartrachten sind sich sehr ähnlich: An den Seiten werden die Haare abrasiert, oben werden sie geflochten und als langer Zopf über die Mitte des Kopfes oder um den Kopf gelegt, so daß das Haar einige Zentimeter in den Nacken hängt. Bänder mit gelben und blauen Perlen, mit Kupfer- oder Silberstücken zieren die Frisur. Beim Initiationsfest der Koniagi setzen sich die Männer den *Daka* auf, einen riesigen Prunk- 10
helm, der mit rotem und weißem Stoff bespannt und mit Fe- 11

12 dern abgesetzt ist. Der Daka – die Vervollständigung der
kammartigen Frisur – symbolisiert Kraft und Schönheit.

Während die Koniagi häufig Perlen benutzen, werden bei
17 den Basari Halsketten, Armringe, Gürtel und Fußketten aus
18 Kupfer oder Aluminium bevorzugt.

Bei ihrem Kontakt mit den Malinke haben die Koniagi auch
einige Musikinstrumente übernommen, zum Beispiel Xylo-
phon und Bogenharfe, zwei Instrumente, die in Westafrika
weit verbreitet sind. Dagegen haben die Basari, abgesehen von
13, 14 der großen Felltrommel, die mit der flachen Hand geschlagen
wird, die kultureigenständigen Musikinstrumente beibehal-
16 ten: so die langen ›Zithern‹ aus Bambus, die an den Seiten ge-
riefelt sind, oder die Bambusrohre, von denen man einen
Streifen entfernt hat, um ihn an den Enden auf schmalen höl-
zernen Stegen zu befestigen. Der Musikant, dessen Mund als
Resonanzkörper dient, schlägt diesen festgebundenen Streifen
15 mit einem Stäbchen aus hartem Holz an.

Bibliographie
Lestrange, M. de, *Les Coniagui et les Bassari,* Paris 1955

Fulbe (Region Labé)

Die *Dyeli,* Musiker der Fulani-Fulbe des Fouta-Djalon, benut-
zen außer der einsaitigen Leier und dem *Soron,* einer Bogen-
6 harfe mit neun Saiten, große, halbkugelige Trommeln. Sie
werden abwechselnd mit zwei Schlegeln bearbeitet, die mit ge-
flochtenen Schnüren an den Seiten befestigt sind.

5 Während des Tanzes versucht der Tänzer, seine weiten, ge-
7 fältelten und an den Knöcheln zusammengebundenen Bein-
8 kleider wirkungsvoll zu entfalten. Er begleitet sich mit einer
9 Pfeife und einer Halbkalebasse, die er mit seinen Fingerringen
von außen schlägt.

Kissi (Region Guékédou)

Wenn sie nach der ersten Initiationsklausur ins Dorf zurück-
kehren, führen die jungen Kissi einen Tanz auf. Sie haben die
19 Häupter geschoren – einige tragen Perücken mit weiblichen
20 Frisuren – und den Körper mit einem Netz und einem langen
21 Rock aus Raphiabast verhüllt. Sie gehen hintereinander und
bilden einen Kreis. Sie treten vor, dann wieder zurück, halten an und springen auf der Stelle, wobei ihre Bewegungen immer schneller werden, entsprechend dem Rhythmus der großen Holztrommel, der *Gbassia.* Die Gbassia ist eine Lippentrommel, die horizontal unter einem Schutzdach aufgehängt ist. Zwei kleine zylindrische Felltrommeln unterstreichen ihre ›Befehle‹.

Bibliographie
Schaeffner, A., *Les Kissi, une société noire et ses instruments de musique,* Paris 1951

Baga und *Nalu* (Region Boké und Boffa)

Die *Yoke*-Maske (auch *Yokui* oder *Komoe* genannt, je nach 24
Gegend) ist nicht mit der berühmten *Nimba*-Maske zu verwechseln. Zwar sind beide Schultermasken mit einer weiblichen Figur geschmückt, doch wird die Yoke – die etwas kleiner ist – nur von einem einzigen Tänzer getragen. Außerdem gehört sie – mit dem kleinen Kopf, dem geringelten Hals und den vergleichsweise großen, schweren Brüsten – in einen anderen rituellen Bereich als die Nimba-Maske. Die Nimba bezieht sich auf den Zyklus der Erzeugung und des Verbrauchs von Reis, auf Begriffe wie Fruchtbarkeit und Überfluß. Sie ist eine Darstellung der ›Erdmutter‹. Dagegen erinnert die Yoke, die nach dem schnellen Rhythmus des *Komo Fare* am Ende der Initiationsfeste der Mädchen tanzt, eher an junge Mädchen als an das Bild der ›Mutter‹. Ihre Aufgabe ist es, zur Mutterschaft anzuregen und vor den Gefahren der Unfruchtbarkeit zu schützen.

Koni (oder *Tyamba*) und *Dudu:* Diese beiden Masken, die 25
heute mehr der Belustigung dienen, findet man bei den Baga,
den Nalu und bei den islamisierten Susu. Der Tanz stellt pan-
tomimisch eine Mythe dar: die Begegnung von Koni, dem
Calao-Vogel, dem ›Geist des Guten‹, mit Dudu, dem ›gefähr- 26
lichen Mann des Waldes‹. 27

Man hat die *Banda*-Masken, die im *Banda Fare*-Tanz der 28
Nalu Benutzung finden, oft mit monsterhaften Figuren in
Verbindung gebracht, zweifellos wegen der Vielfalt heteroge-
ner Elemente, wegen der zahlreichen dekorativen Details und
wegen ihrer übertriebenen Größe. Sie vereinigen aber anthro-
pomorphe (Auge, Nase, Haartracht) und zoomorphe Züge 29
(Maul des Krokodils, Antilopenhörner, stilisierte Chamäleons 30
oder Schlangen), so daß sie nicht als nur monströs abgetan werden können.

Vielmehr handelt es sich bei der Banda-Maske um eine plastische Darstellung der wichtigsten Prinzipien, die nach dem Glauben der Nalu das Universum bestimmen. Sie veranschaulicht die Vereinigung der drei Welten: die des Menschen – das Dorf, die des Wassers – Krokodil und Schlange, und schließlich die des Busches – Chamäleon und Antilope. Früher war der Anblick der Banda nur den Initiierten vorbehalten, den Mitgliedern des Geheimbundes *Simo.* Seit einiger Zeit jedoch sind diese Masken sozusagen säkularisiert. Sie tanzen nun vor einem größeren Publikum, aber immer noch nur zu besondern Anlässen im Leben der Nalu: bei Begräbnissen, nach der Ernte, bei Beschneidungsriten und solchen, die vor den Gefahren des Busches schützen sollen.

Der Tanz der Banda-Masken – der Banda Fare – wird wegen des Gewichts der Plastiken, aber auch wegen der genau vorgeschriebenen Figuren, die der Tänzer auszuführen hat, nur von eigens dafür ausgebildeten jungen Leuten dargeboten (jeweils zwei oder drei in einem Dorf). Die Banda-Maske muß sich in verschiedenen Winkeln zeigen: horizontal, das heißt im Profil, vertikal, das heißt von vorn, und schließlich, durch eine geschickte Drehung des Tänzers, von allen Seiten zugleich.

Bibliographie
Geertruyen, G. van, *La Fonction de la sculpture dans une société africaine,* Baga-Nalu-Landuman, *Africana Gandensia,* Nr. 1, Gent 1976
Holas, B., ›Danses masquées de la Basse-Côte‹, in: *Etudes guinéennes,* Nr. 1, Conakry 1947

Toma (Region Macenta)

Im Süden Guineas an der Grenze zu Liberia, inmitten eines Waldgebietes, das von Bergmassiven umgeben ist, leben die Toma, die trotz ihrer scheinbaren Isolierung Anteil haben am kulturellen Leben benachbarter wie auch entfernterer Stämme: So findet man ihre Stelzenmasken, die *Laniboï,* sowohl bei den Kono als auch bei den Dan. Und sogar ihre Geheimmaske, die *Okobuzogui,* ähnelt der Banda-Maske der Nalu.

35 Dagegen scheinen die Ouenilegagui nur mit dem Kulturkreis der Toma Verbindung zu haben: Ihr Kostüm bezieht sich auf den Vogel des Ursprungsmythos, der der Männergesellschaft die Macht brachte.

Den Körper mit Kaolin weiß gefärbt, eingehüllt in einen Federmantel, auf dem Kopf eine Art Helm aus Ton, in dem ein Federkranz steckt, um die Fußknöchel Schellen gebunden, einen Stock in der Hand – so verlassen die Vogelmänner den Wald bei zwei bedeutenden Anlässen: einmal beim Tode eines *Zogui,* eines Mannes, der in die Geheimnisse des Waldes eingeweiht war, und zum anderen, um die jungen Anwärter für die Initiation, die *Bilakoro,* zu begleiten und während der körperlichen Prüfungen zu beraten.

Während der Initiationsklausur lernen die Bilakoro neben anderen Dingen auch die Sprache der Lippentrommel.

Die Lippentrommel ist ein Instrument aus hohlen Stämmen, das fast in ganzer Länge gespalten und mit Klöppeln aus Hartholz geschlagen wird. Es begleitet den Tanz der Vogelmänner. Die beiden Lippen der Trommel sind unterschiedlich dick, so daß der Trommler durch die Kombination verschiedener Töne mit den Tänzern ›spricht‹ und ihnen die Figuren anzeigt, die sie ausführen müssen.

Bibliographie
Gaisseau, P. D., *Forêt sacrée,* Paris 1953

Diskographie
Musique Toma, Musée de l'Homme, LD 4, Seite II, Nr. 9

Guinea und Elfenbeinküste

Kono – Dan – Guere (Region der drei Grenzen)

I *Guinea-Kono* (Dorf Nzo)

Während der Zeit, die auf die Reisernte folgt, findet in Nzo ein ›Festspiel‹ statt, das Masken, Tänzer und Musikanten aus dem Bezirk von Vepo vereint.

Die größte Bedeutung dabei haben der Auftritt der Masken *Nyon hine, Nyon nea* und *Nyon kpman,* die Vorführungen des Stelzenläufers *Nyon kwouya* und die Tänze des Frauenbundes *Tokpa.*

Die männliche Maske, Nyon hine, hat eine zylindrische und mit Kauri verzierte Frisur, ein schwarzes Gesicht und ist halb Mensch, halb Tier. Begleitet wird sie von einem Interpreten und einem Orchester mit Quertrompeten aus Elfenbein, den 55
Furu, sowie zwei Trommeln, den *Bara.*

Den Bewegungen des Nyon hine paßt sich die Partnerin an, die weibliche Maske Nyon nea. Sie trägt eine konische Haube 34
über einem schönen, oval geformten Gesicht, dessen Züge fein herausgearbeitet sind. Seine glänzende Oberfläche kontrastiert mit jener der männlichen Maske, deren Schnabel oder Maul von einem mächtigen Bart aus Colobohaaren umrahmt ist.

Dieses erstaunliche Paar, das am Festtag vor dem ganzen 31
Dorf auftritt, erinnert die initiierten Kono an ein ehemals geheimes, fundamentales Erlebnis: an ihre zweite Geburt aus dem Schoß des *Poro.* Natürlich ist Nea nicht mehr die ›Mutter der Menschen‹, die die ›Neuen Menschen‹ geboren und mit ihren Krallen gezeichnet hat, und die Hine ist nicht mehr der

unversöhnliche Lehrer bei der Initiation. Säkularisiert sind auch sie, nun allen sichtbar, aber noch immer beschwören sie Anfang und Ende eines Zyklus. Die Anwesenheit von Nea und Hine in einer Zeit des Wohlergehens bekräftigt, daß die Männergesellschaft die Mittel gefunden hat, die unkontrollierten Kräfte der Natur zu bändigen. So bezeugen auch das Gesicht und der Schmuck Neas die Macht der menschlichen Einrichtungen und besonders die des Poro, drücken aber gleichzeitig auch Schönheit und Zufriedenheit aus.

32 Nyon kpman war vor der Kolonisierung von Ober-Guinea
33 als Kriegsmaske besonders angesehen. Um sich der Anhänger zu versichern, spie ihr der Kriegshäuptling den orangefarbenen Saft der vorher lange gekauten Cola-Nüsse ins Gesicht.

Die Funktion des Nyon kpman beschränkt sich auf eine Vermittlerrolle. Der heilige Speichel wurde inzwischen durch ein rotes Tuch ersetzt, das auf dem Holzgesicht befestigt ist. Bis in die fünfziger Jahre erinnerte der Nyon kpman durch diesen Stoff, der von den Chéchias, den roten Mützen senegalesischer Schützen stammte, an den alten Gebrauch als Kriegsmaske.

47 Die berühmte Stelzenmaske aus der Region der drei Grenzen
54 kam ursprünglich von den Kono. Ihre Verbreitung nach Westen zu den Toma und nach Osten zu den Dan an der Elfenbeinküste und nach Liberia bezeugt das Interesse der Dorfbewohner gerade an dieser Maske, deren Bewegungen sie immer aufs neue bewundern. Doch sind es sicher nicht nur die ›akrobatischen Kunststücke‹, die so große Begeisterung hervorrufen. Der Name, mit dem die Maske bezeichnet wird und der sich auf ihre Größe bezieht – *Kwuya-gblen-gbe* –, ordnet sie den Masken mit symbolischem Sinn wie *Nyomou-gle-gue* zu. In einigen Überlieferungen heißt es, daß sie bei der Knabeninitiation auftritt. Sowohl ihre Herstellung als auch die Vorbereitung zu ihrem Auftritt vollziehen sich an der Peripherie des Dorfes. Zudem muß die Vorführung zuvor von den religiösen Verantwortlichen des Dorfes gebilligt werden. Trotz der weiten geographischen Verbreitung sind die einzelnen Elemente des Kostüms ziemlich gleichbleibend: Die konische, mit Kaurischnecken, Stoff- und Kupferteilen verzierte Haube ist bekrönt mit einem Busch aus weißem Schaffell, und das Gesicht des Tänzers wird von einem Netz aus Palmfasern verhüllt. In Mundhöhe und zu beiden Seiten des Gesichts hängen lange Troddeln herunter. Der obere Teil des Gewandes besteht aus einem meist blau-weiß gestreiften Tuchhemd, dessen Ärmel zugenäht sind. Am Gürtel sind ein kurzer Rock aus Raphiafasern und zahlreiche Schellen befestigt.

Die Stelzen, oft durch lange Hosen verhüllt, bestehen aus Palmholzrippen (wegen der Stabilität, der Biegsamkeit und der Leichtigkeit dieser Pflanze) und sind bis zu zwei Meter hoch. Die Füße des Tänzers finden Halt auf Querstäben; dabei werden die Stelzen so an seinen Schienbeinen befestigt, daß die Knie frei beweglich bleiben. Die Stimme, die diese ›lange Maske‹ vernehmen läßt, ist hoch und kreischend. Oft wird sie von einem Chor junger Männer begleitet, während die Musikanten kleine Trommeln schlagen und Klapperschellen schütteln.

Durch ihren schwankenden Schritt stellen die Tanzfiguren eine ständige Herausforderung an die Gesetze des Gleichgewichts dar. Schnelle Schritte, Kreuzen der Beine, Sprünge und Drehungen gehen stets bis an die Grenze des Sturzes.

Doch über die akrobatische Fertigkeit hinaus stellt sich im Tanz des Kwouya die Klugheit der Gemeinschaft symbolisch dar: Die Kono-Gesellschaft beweist sich selbst ihre Fähigkeit, die irdische Schwerkraft zu überwinden. Diese Suche nach dem rechten Gleichgewicht, diese Überschreitung der Grenzen macht deutlich, daß der Mensch die Macht hat, sich den Fallen zu entziehen, die ihm die ›Zauberer‹ immer wieder stellen.

Der Frauenbund *Tokpa,* den auch die Dan kennen, nennt 56
sich heute ›Bund des Messers‹. In ihm sind die Mütter vereint, 57
die die jungen Mädchen initiieren, als Hebammen wirken und für die Exzision zuständig sind.

Zu ihren Aufgaben gehört die Reinigung des Dorfes. So muß die *Zola,* die dem Bund vorsteht, eine Flüssigkeit auf dem Erdboden vergießen, die alles aus dem Busch kommende Übel zu vertreiben vermag.

In dem Tanz, der das Ende der weiblichen Initiation anzeigt oder auf die Geburt eines Kindes folgt, wird zum Rhythmus der Klappern, der Holz- und Bambustrommeln, der Rinderhörner, der Doppelglocken, die von außen geschlagen werden, und der Nagelglocken das Symbol der Fruchtbarkeit vorgeführt. Es ist ein Kegel aus geschwärztem Steatit, mit Kauri- 58
schnecken inkrustiert, der eine gewisse Ähnlichkeit mit dem geheimen Instrument des Poro hat. Die Mutter Nyon nea läßt ihre ›Stimme‹ hören: den *Gondo.*

II Elfenbeinküste: *Dan* und *Guere* (Region Duékoué-Bangolo)

Die spektakulären Darbietungen des Schlangenbundes findet 36
man in den Stammesgebieten der Dan, Wobe und Guere. 46
Heute genießen diese Gruppen der ›Mädchengaukler‹ großes Ansehen bis weit in den Westen der Elfenbeinküste. Früher war die Herstellung von Medizin gegen Schlangenbisse Angelegenheit einer eigens dazu berufenen Gruppe von ›Heilern‹.

Sie waren gegen das Gift immunisiert und pflegten giftige Schlangen öffentlich zu zeigen. Man nannte sie *Simbo,* ›Schlangenbeschwörer‹. Bei ihren eindrucksvollen Tänzen waren sie von jungen Mädchen begleitet, die mit den gefährlichen Schlangen ebenfalls geschickt umzugehen verstanden.

Diese Vorgeschichte erklärt bestimmte Verhaltensweisen der
Mitglieder dieser Gauklergesellschaft. So bezeichnet man
Männer von zwanzig bis dreißig Jahren, die mit jungen Mäd-
chen, den *Sangnoulou,* akrobatische Tänze aufführen, als Sim-
42 bo. In einem dieser Tänze rollt sich die junge Partnerin des
Simbo um den Körper des Tänzers. In einem anderen Tanz, in
36 dem sie allein agiert, erinnern ihre wellenartigen, geschmeidi-
41 gen Bewegungen an die einer Schlange.

Der Erfolg der Tänze beruht auch hier nicht allein auf der Faszination, die von Akrobatik und Jonglierkunst ausgeht; vielmehr drückt der Schlangenbund die von der Gemeinschaft anerkannten Werte aus: Beherrschung des Körpers und Selbstbeherrschung, Kraft und Mut.

Diese Eigenschaften zeigen sich besonders deutlich, wenn
44 sich zwei Simbo mit erhobenem Messer in der Hand in weni-
gen Metern Entfernung gegenüberstehen und sich gegenseitig
46 die kaltblütige junge Sangnoulou zuwerfen.

III Elfenbeinküste: *Guere* (Region Guiglo)

Im Südwesten Liberias, wo sie Kran heißen, und im Nordosten der Elfenbeinküste, wo die nördlichste Gruppe Wobe genannt wird, leben die Guere in einer Waldzone, die auch heute noch nur schwer zugänglich ist.

Mit ihren Nachbarn im Westen, den Dan, haben sie zahlreiche kulturelle Elemente gemeinsam.

Doch abgesehen von den verschiedenen Sprachen der beiden Stämme (Gruppe Kru bei den Guere, Mande-Fu bei den Dan) benutzen die Guere in ihrem sozialen und religiösen Leben Masken, die für sie besonders kennzeichnend sind: die Sängermaske *Ble gla* und die Weisheitsmaske *Gbona gla* zum Beispiel.

60 Ble gla, der ›Sänger‹ (oft gleichgesetzt mit *Tehe gla,* dem
›Tänzer‹), ist eine Maske mit rot-weiß-schwarzem Gesicht. Eine Kopfbinde aus Kaurischnecken und ein Bart aus Messingschellen umrahmen den geschnitzten Teil.

Begleitet von drei Männern, die Klappern bedienen, und einem Sänger, der mit näselnder Stimme antwortet, singt und Tanzt Ble gla, um die Dorfbewohner nach Ereignissen, die soziale Spannungen mit sich brachten, wie zum Beispiel nach einem Todesfall, zu belustigen und abzulenken.

Wenn größere Spannungen andauern, wie etwa bei der
schwierigen Beilegung eines Streites zwischen zwei Familien,
bei Krankheiten oder Todesfällen, deren Ursachen man einer
Zauberei anlastet, oder auch nach schlechten Ernten, dann
ruft man Gbona gla, die große Maske der Weisheit. Ihr ein- 61
drucksvolles Gesicht mit zwei Paaren röhrenförmiger Augen
und dem großen, weit geöffneten Mund wird überragt von einem imposanten Kopfschmuck aus Federn vom Helmvogel oder Fischadler.

Gbona nähert sich langsam, auf den Stab der Autorität und Macht gestützt und von Führern und Deutern begleitet. Die Ursprungsmythe dieser Maske mag die Scheu und Verehrung erklären, die man ihr entgegenbringt. Am Anfang der Welt und in der Endzeit der Herrschaft der Tiere waren die Menschen in unaufhörliche Auseinandersetzungen verstrickt, die die Gründung einer stabilen und intakten Gesellschaft unmöglich machten. Nyon sua, der Schöpfergott, sandte deshalb in seiner Güte eilends Geister auf die Welt, die den Menschen die Möglichkeit gaben, ein Leben in Ordnung und Wohlstand zu führen. Diese Gesetze eines Lebens in der Gemeinschaft wurden durch die Maske verkörpert. Wenn die Gemeinschaft Gefahr lief, erneut in die Schwierigkeiten des Weltbeginns zurückzufallen, dann riefen die Menschen die Maske an, die dank ihrer göttlichen Abstammung Streit schlichten, Zauber bannen, das Böse abwenden und die Ordnung wiederherstellen konnte.

Ein Wechsel in den Bewegungsrichtungen und in den Rhyth-
men kennzeichnet den *Zoua*-Tanz der Jugendbünde bei den 62
Guere: Die jungen Mädchen ›mit dem Tuch‹ beginnen zu- 63
nächst langsam, steigern dann die Schnelligkeit ihrer Tanzfi- 64
guren und versuchen, ihren Takt den Trommlern aufzudrängen. Die Trommler ihrerseits sind bemüht, ihre Herrschaft über den Rhythmus zu verteidigen.

Bibliographie
Holas, B., *Les Masques kono,* Paris 1952
Zemp, H., *Musique dan,* Paris/Den Haag 1971
Fischer, E., *Die Kunst der Dan,* Zürich 1976
Thompson, R. J., *African Art in Motion,* Los Angeles 1974

Diskographie
Aufnahmen von Hugo Zemp:
The Music of the Dan, BM 30 L 2301
Masques dan, OCR 52
Musique guéré, LD 764

Die mittlere Küste von Guinea

Elfenbeinküste

Guro (Region Zuénoula)

Die Guro, deren Sprache das Mande-Fu ist, bewohnen einen geographischen und kulturellen Übergangsbereich am Kreuzungspunkt von zwei bedeutenden Stammesgruppen: im Westen die Dan, Wobe und Guere und im Osten die Baule, die von den Akan abstammen. Aus der Lage ihres Gebietes läßt sich die Dynamik ihres kulturellen Lebens erklären.

Während ihre gesellschaftlichen und wirtschaftlichen Strukturen Gegenstand zahlreicher wissenschaftlicher Untersuchungen waren, sind ihre Kulte, ihre Riten und der Symbolgehalt ihrer Darstellungen vergleichsweise wenig erörtert worden. Ihr religiöses Leben (Initiation, Ahnenkult, Bestattungszeremonien) scheint in Verbindung mit einer Geheimgesellschaft, dem *Guie,* zu stehen.

59 In der Maske *Zamble* verbinden sich Antilopenhörner, menschliches Gesicht und der Kiefer eines wilden Tieres oder ein Maul mit Zähnen. Sie wird von einem Tänzer getragen, der mit seinen Figuren die weichen, geschmeidigen Bewegungen der großen Antilope oder des Leoparden nachzuahmen versucht.

Diskographie
Musique gouro de Côte-d'Ivoire, OCR 48

Baule (Region Yamoussoukro und Sakasou)

Die Baule, deren Sprache zur Kwa-Gruppe gehört, sind der nördlichste Zweig der Akan. Angeführt von Aura Pokou, der Schwester des Thronprätendenten, der die Nachfolge des Begründers des Königsreiches Akan anstrebte, erreichten sie am Ende einer langen Wanderung, im Verlauf des 18. Jahrhunderts die fruchtbaren Savannen im Zentrum der heutigen Elfenbeinküste.

Ihre Herkunft von den Akan sowie zweihundert Jahre Kontakte mit benachbarten Stämmen gaben der gesellschaftlichen Organisation der Baule ein komplexes Erscheinungsbild, dem es an originellen Einrichtungen und Sitten nicht mangelt. Die Erbfolge ist matrilinear geregelt, daß heißt, die Erziehung der Kinder obliegt der Familie der Mutter, und das Erbe wird über die Frau weitergegeben. Das heißt aber auch, daß die Häuptlinge ihre Macht den weiblichen Ahnen der Familie verdanken. Darum lassen die Baule bei Zeremonien zum Herrschaftsantritt der Häuptlinge oder bei anderen wichtigen Anlässen Masken mit weiblichen Gesichtern auftreten und die historische Ahnherrin beschwören: die Königin Aura Pokou.

Begleitet wird die Vorführung der Erinnerungsmasken von der Darbietung der Insignien: von Häuptlingsstäben zum Bei- 65
spiel, die mit Goldplättchen belegt sind. Die ›Knoten der Weisheit‹ oder tierische Darstellungen, die sie zieren, dienen in metaphorischer Weise dazu, ihre Inhaber zu legitimieren.

Im Pantheon der Baule ist Goli, Sohn des Himmelsgottes Nyamie, eine Schutzgottheit des Dorfes. Auf sein Eingreifen hofft man bei einer Epidemie, zu seiner Autorität nimmt man Zuflucht, um einer Ehebrecherin zu drohen, und ihn ruft man an, um die Zauberer in den Busch zu vertreiben. Golis Inkarnation ist eine rot-weiße Maske mit einem stilisierten Büffelkopf, die dem Blick der Frauen entzogen werden muß. Als Verkörperung von Kakaguye, dem Totengeist, könnte Goli sie unfruchtbar machen. In der Nacht wandert er durch das Dorf, wobei er sich durch das Anschlagen einer Eisenglocke und den Klang einer Quertrompete aus Antilopenhorn, der *Awe,* bemerkbar macht.

Von einer freundlicheren Seite zeigen sich während der Feste die Mittelspersonen von Kakaguye: Gouli der Rote und Pondo Kakou der Schwarze, deren Masken die des nächtlichen Goli variieren. Die beiden sind mutwillige Spötter, die immer wieder mit dem Publikum Kontakt aufnehmen.

Gouli und Pondo kauern nieder. Zwei Röcke aus Ananasfa- 66
sern und ein Antilopenfell verhüllen sie vollständig. Ihnen folgt eine Gruppe von Männern, die singen und die *Towas* schütteln. (Eine Towa ist ein Resonanzkörper aus einer Kalebasse, der von einem mit Kaurischnecken oder Perlen bestickten Netz umgeben ist. Schnelle Bewegungen lassen Schnecken oder Perlen auf die Kalebasse schlagen.)

In jedem Dorf der Baule gibt es einen oder mehrere Jugendbünde. In freundschaftlichem Wettstreit messen sie sich bei ihren Tänzen. Bestimmte Vertreter dieser Gruppen dürfen auch den Tanz mit der Musik vereinen und ihr ganzes Können zeigen: Diese Tänzer – sie tragen einen kurzen Raphiarock
und einen kleinen, mit Indigo gefärbten Schurz – begleiten 69
sich selbst, indem sie ihre Bewegungen durch den Klang von 70
Knöchelschellen und einer Felltrommel untermalen. 71

Diskographie
Musique baoulé-kodé, OCR 34
Pondo Kakou, musique de société secrète, Vogue Lvlx 188

Togo

Ewe (Region Keta)

Die Ewe-Gruppe in Togo und Ghana bildet eine kulturelle Brücke zwischen Akan und Yoruba. Einige ihrer Institutionen lassen sich mit denen der Ashanti im Westen vergleichen, andere mit denen der Yoruba im Osten. Da sie aber seit der Kolonialzeit durch eine willkürliche Grenze von ihren Nachbarn getrennt sind, haben die Ewe immer ihre ethnische Einheit bewahrt, zumal sich ihr ethnisches Selbstbewußtsein durch den Widerstand gegen die Teilung des Volkes besonders ausgeprägt hat. (Auf dem Schurz ihrer Häuptlinge ist das Wort *Ablode* – Unabhängigkeit – zu lesen.)

Die Ewe-Gruppe umfaßt ein Dutzend Untergruppen (die eigentlichen Ewe, Mina, Anlo usw.). Jede dieser Untergruppen ist in mehrere unabhängige Stadtstaaten aufgeteilt: die *Du*. Ein Du setzt sich zusammen aus etwa 100 bis 1000 Untertanen, die in der politischen Hauptstadt oder benachbarten Dörfern leben. Sie unterstehen einem Häuptling, dem *Fio*, und einem Rat, einer Gruppe alter Männer aus der königlichen Verwandtschaft, den Ältesten der anderen Sippen und den militärischen Befehlshabern.

Zeremonien, die die Anwesenheit des Fio und seines Rates erfordern, folgen einer strengen Etikette. Von eigenen Trommlern geleitet, treffen die Teilnehmer dieser höchsten Versammlung im religiösen Zentrum der Hauptstadt ein. Mit ihrem Boten, dem Träger des Säbels *Afena*, und ihrem Kanzler, der den Stab mit dem goldenen Knauf in der Hand hält, den *Okyeame Poma*, nehmen sie ihrem Rang entsprechend Platz um den Häuptling, dessen Ankunft ein Orchester von El-
73 fenbeintrompeten ankündigt.

72 Das Ausbreiten der Regalien (Kopfschmuck, Halskette und Armbänder aus Gold) hat symbolischen Charakter. Es bekräftigt Macht und Autorität des Fio und seiner Ratgeber. Der König-Häuptling muß bei seiner Inthronisation schwören, niemals die Einheit des Du zu gefährden und es niemals abzulehnen, sich der Zustimmung der Versammlung der Edlen zu unterwerfen.

Die religiösen Vorstellungen der Ewe ähneln denen der Fon und Yoruba. Einige ihrer Kulte wie die *Voduwo* (*Yewe*, der Donnerkult, *Hebieso*, der Blitzkult, und *Afa*, der Wahrsagekult) erinnern an die Vodoun und Orisha des Ostens. Das gilt auch für das Gewand der Priester des Yewe-Kults – kurze,
74 übereinanderliegende Schurze –, das an das *Vlaya* der Fon erinnert.

Benin

Fon und *Yoruba* (Abomey, Ouidah, Kétou und Savé)

I Die Vodoun-Kulte der Fon

Die Vodoun-Kulte wenden sich an verschiedene unkörperliche Wesenheiten, die im Universum walten. Die höchst komplexen Interaktionen zwischen Gottheiten, Ahnen und Menschen lassen den Schluß zu, daß für die Fon alle menschlichen Tätigkeiten mit einem Zusammenspiel von Kräften verbunden sind, die sich vereinigen, um den Bund der Götter mit den Menschen fortzusetzen: Die Götter erhalten ihre Kraft aus den Kulten, die man ihnen widmet, und die Menschen ihr Wohlergehen aus der Kraft der Götter.

Mahu und Lisa sind die Herren der Schöpfung. Mahu, das weibliche Element, hat als Emblem den Mond; Lisa, die männliche Komponente, die Sonne. Das Paar stammt von Dan ab, der Regenbogenschlange, von der man glaubt, daß sie der Erde ihre Gestalt verliehen hat, von Gu, der Gottheit der Metalle, und auch von Hebioso, der Gottheit der himmlischen Erscheinungen. Hebioso (*so* bedeutet Blitz) entspricht dem Shango der Yoruba und ist das Prinzip des Keimens. Er umfaßt alle Vodoun, die mit Blitz, Donner, Regen, rauschendem Wasser und selbst mit dem ›stehenden Wasser, das den Himmel widerspiegelt‹, im Zusammenhang stehen. Dargestellt wird Hebioso durch die *Sokpe*, die Blitzsteine. Außerdem wird er durch eine einfache Axt, *Sossiovi*, symbolisiert, die mit einem feuerspeienden Widder verziert ist, oder durch die Doppelglocke *Kpanligan*.

Die Priester des Hebioso tragen kurze Röcke, *Vlaya*. Der 75
Rhythmus ihres Tanzes ist betont lebhaft: Die dynamischen Körperbewegungen, die Umdrehungen und das feurige Stampfen drücken die fruchtbaren Kräfte Hebiosos aus.

Ein anderer Kult bezieht sich auf Dan, das Prinzip der Stetigkeit. Sein Symbol ist die Schlange, die sich in den Schwanz beißt. Zu dieser Vorstellung der Kontinuität gesellen sich jene der Bewegung, der Lebenskraft, der Fülle und der Dauer.

Gu, Gottheit der Metalle, ist der Vodoun der Schmiede, der Krieger, der Ackerbauern und all jener, die Eisen verarbeiten und benutzen. Indes scheint sich die Anrufung von Gu auf solche Fälle zu beziehen, wo sein Schutz bei der Austreibung von Hexengeistern erwirkt werden soll. Gu wird durch zahlreiche Tieropfer geehrt. Blut – Lebens- und Geistprinzip – 76
stellt die Verbindung zwischen Menschen und Göttern her. 79
Um diese Verbindung zwischen den beiden Welten in Worte

zu fassen, benutzen die Fon den Ausdruck *e nu vodoun,* d. h. ›den Vodoun trinken‹.

Sind Hebioso, Dan und Gu Vodoun, die man als öffentlich bezeichnen kann, so gehören im Gegensatz dazu die Tohosu zu den Kulten der königlichen Familie von Abomey. Sie stehen sogar über den Riten, die dem Schöpferpaar zugedacht sind. Die ›Könige der Wasser‹, Geister der verstorbenen Könige, haben die Macht, den Wohlstand der Untertanen zu überwachen, ihn zu mehren oder zu mindern. Dieser Kult um die Geister der verstorbenen Herrscher ist dem der Nesuhwe verwandt, der fürstlichen Ahnen der Königsfamilie von Abomey.

Vor dem Tempel der *Tohosu* führen die Priesterinnen des
67 Kults, in weiße Gewänder gekleidet und mit einem langen
68 Stab in der Hand, drei Tänze in unterschiedlichen Rhythmen
auf: *Ablo, Botro* und *Nifossouso.* Beim Ablo-Tanz (Rhythmus *Asoukablo*) treten die ›Prinzessinnen‹ im ›Gänsemarsch‹ auf, gruppieren sich dann in einer engeren Aufstellung und ahmen, indem sie ihre Stäbe wie eine Waffe schwingen, die Begeisterung der Krieger nach.

II Egungun und Gelede

Zwei Rituale sind typisch für die Kultur der Yoruba in Benin und Nigeria: die ›Rückkehr des Geistes der Toten‹ und die ›Besänftigung der Mütter‹.

Der Egun, der Geist der alten Herrscher und der Familienoberhäupter, kommt auf die Erde zurück, um den Menschen zu helfen. Er wird von Kindern dargestellt, den Egungun. Sie gehören gleichzeitig der Welt der Toten und der der Lebenden
an, sie können sprechen, aber man kann sie nicht berühren.
88 Ihre Diener, die *Mariwo,* schlagen alle jene mit Stöcken –
89 *Ichan* –, die versuchen, sich ihnen zu nähern.
87 Ihr fremdartiges und prächtiges Gewand besteht aus einer
rechteckigen großen Haube, die an den Ecken geöffnet ist, und mehreren langen Stolen. Die Stoffbahnen, bei denen Rot dominiert, sind reich mit Flitter und Muscheln bestickt und an der Haube durch zahlreiche winkelförmige Motive geschmückt. Die Kanten der Stoffbahnen sind stets ausgezackt. Diese Fülle dekorativer Elemente weist auf Macht und Reichtum hin.

Schon bei der geringsten Bewegung eines Egungun bewegen sich die Stoffbahnen, und wenn er sich heftiger dreht, ›bläst ein wohltuender Wind‹. Die rote Farbe hat das Vermögen, Zauberkräften entgegenzuwirken. Aus den Zackenlinien *(Igbala)* ersieht man, daß Egungun kommt, um die Menschen zu ›retten‹. Die Luftbewegung, die er durch seine Drehungen verursacht, schenkt ihnen Sicherheit und Hoffnung auf Wohlergehen. Schließlich sind die Krokodile auf dem Vorhemd ein weiteres Zeugnis für die Macht des Egungun, der Menschheit zu helfen.

Aufgabe des Gelede-Bundes ist es, die ›Mütter zu besänftigen‹ und sich bei verschiedenen Anliegen ihrer Hilfe zu versichern: um schöne Kinder zu bekommen, zu genesen, gute Ernten einzubringen oder reich zu werden.

Die ›Mütter‹ sind das weibliche Prinzip, das zugleich gefahrvoll ist und wohltätig wirkt: gefahrvoll, weil es unter den Frauen Zauberinnen gibt, gegen die man sich nur schwer schützen kann. Sie verwandeln sich in ›Vögel der Nacht‹, um ihre Opfer zu verschlingen. Auch kennen sie jene Medizinen, die den Kindern den Tod bringen, die krank oder unfruchtbar machen. Schließlich gebieten sie über die Menstruation der Frauen. Andererseits können die ›Mütter‹ freigiebig sein, Schutz spenden und den Nachwuchs behüten.

Ziel des Gelede-Bundes ist es also, die Macht der Frauen zu bändigen und ihre besondere Kraft so zu lenken, daß sie dem Wohl der Gemeinschaft Nutzen bringt. Daß die Rolle der Frau
als positiv gewertet wird, zeigt sich auch darin, daß zahlreiche 80
Masken (Gesichts-, aber auch ›Rücken‹- oder ›Bauch‹-Masken) 86
Fruchtbarkeit und Mutterschaft zum Thema haben. Andere 80
Masken, die freilich nicht selten gekünstelt wirken, stellen fa- 86
miliäre oder idyllische Szenen dar. 81

Nach der nächtlichen Zeremonie der ›Besänftigung der Mütter‹, wenn Ruhe und Ordnung wiedereingekehrt sind, zer-
streuen Gelede und *Ayoko,* die komische Stelzen-Maske, die 85
Zuschauer. Die Begeisterung, die ihnen entgegenschlägt, ist mit der Hoffnung verknüpft, daß die ›Mütter‹ den Vorhaben der Menschen erneut mit Wohlwollen begegnen.

Bibliographie
Verger, P., *Dieux d'Afrique,* Paris 1954
Savary, C., *Dahomey, traditions du peuple Fon,* Genf 1975
Thompson, R. F., *African Art in Motion,* Los Angeles 1974
Beier, U., ›Gelede Masks‹, in: *Odu,* Lagos 1958

Diskographie
Musiques dahoméennes, OCR 17
Musiques des Princes, Vogue L VXL 192
Musiques des Revenants, Vogue EXTP 1062

Die Ostküste von Guinea

Kamerun

Bamileke und *Bamum* (Region Bandjoun und Foumban)

I Die Elefantenmaske der Bamileke

An der Spitze der streng hierarchisierten Häuptlingstümer der Bamileke steht jeweils ein *Fon*. Ein Rat von acht Männern, die in väterlicher Linie von den Gründern des Königreiches abstammen, sitzt ihm bei seinen Regierungsgeschäften zur Seite. In den *Mkem,* die Versammlung von Trägern erblicher Titel, werden alle jene Männer berufen, die bedeutende Dienste geleistet haben: als Kriegshäuptlinge, aber auch als Mehrer des königlichen Schatzes durch Einbringen von Elefantenstoßzähnen oder Leopardenfellen. Jedes Mitglied des Mkem führt einen Bund an. Diese Bünde haben alle unterschiedliche Aufgaben: religiöse, wirtschaftliche, kriegerische u. a. Die Mitglieder von zwei Gesellschaften – *Kuosi* und *Kemdje,* beides Kriegerbünde – haben als einzige das Recht, Elefantenmasken und Leopardenfelle zu tragen. Das geschieht bei den Zeremonien, bei denen die Kostbarkeiten des Fon ausgestellt werden, nach seinem Ableben oder dem einer Persönlichkeit von hohem Rang oder auch jedes zweite Jahr, wenn die wichtigsten Versammlungen der Bünde stattfinden.

90 Alles an der Kleidung der Elefantenmaske zeugt von Reich-
98 tum, Macht und Privilegien. Die zahllosen Glasperlen, die sie schmücken, sind altes Wechselgeld aus der Handelszeit. Eine ihrer Aufgaben ist die Zurschaustellung des Reichtums. Darüber hinaus beschwören Elefant und Leopard Kraft und Macht: Kraft und Macht dieser Tiere, der Herren des Buschs, aber auch die des Fon, denn es heißt, daß er sich in die Gestalt von Elefant und Leopard verwandeln kann. Der lange, blauweiß gefärbte Mantel aus Baumwolltuch heißt ›königliches Gewand‹.

Am *Nzo* – einem der acht Tage, aus denen die Woche bei den Bamileke besteht – kommen die Mitglieder des Kemdje
in anderem Schmuck, das Gesicht verhüllt, in der Hand den 100
perlengeschmückten Stab mit dem Leopardenknauf, um den 101
Häuptlingen der einzelnen Viertel die Gebote des Fon zu überbringen. In diesem Aufzug erscheinen sie auch bei den Festen und tanzen, in Begleitung der *Kue m'tong,* den *Nekang,* mit Federmänteln und mit Hörnerhauben geschmückt.

II Bamum: *Mbansie*-Tanz von Foumban

Dieser Tanz wird von Kriegern und von Soldaten aus der Leib- 103
wache des Sultans von Foumban aufgeführt. Sie mimen einen Kampf, bevor sie dem Sultan ihren Respekt erweisen. Der Mbansie, der die Macht der Heere des Herrschers symbolisiert, darf nur in seiner Gegenwart vorgeführt werden. Das Orchester besteht aus Trommeln und Doppelglocken. 102

Bamum-Masken

Kommen offizielle Besucher nach Foumban, werden die Mas- 99
ken aus der Zeit des berühmten Sultans N'Joya aus dem Saal ›Mosê Yépap‹ des Museums der Künste und Traditionen geholt, damit sie ›en situation‹ agieren können.

Bibliographie

Lecoq, R., *Les Bamilékê,* Paris 1953
Northern, T., *The Sign of the Leopard,* Storrs 1975

Diskographie

Musique du Cameroun, OCR 25
Danses et Chants Bamun, SOR 3

2

3

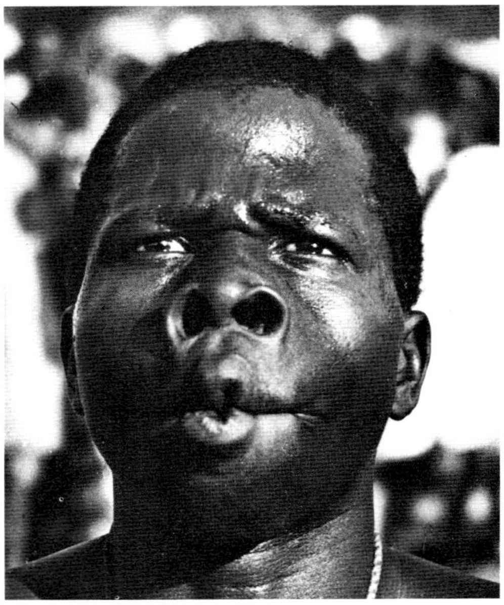
5

7

6

8

9

10

11

14

15

16

17

18

19

20

25

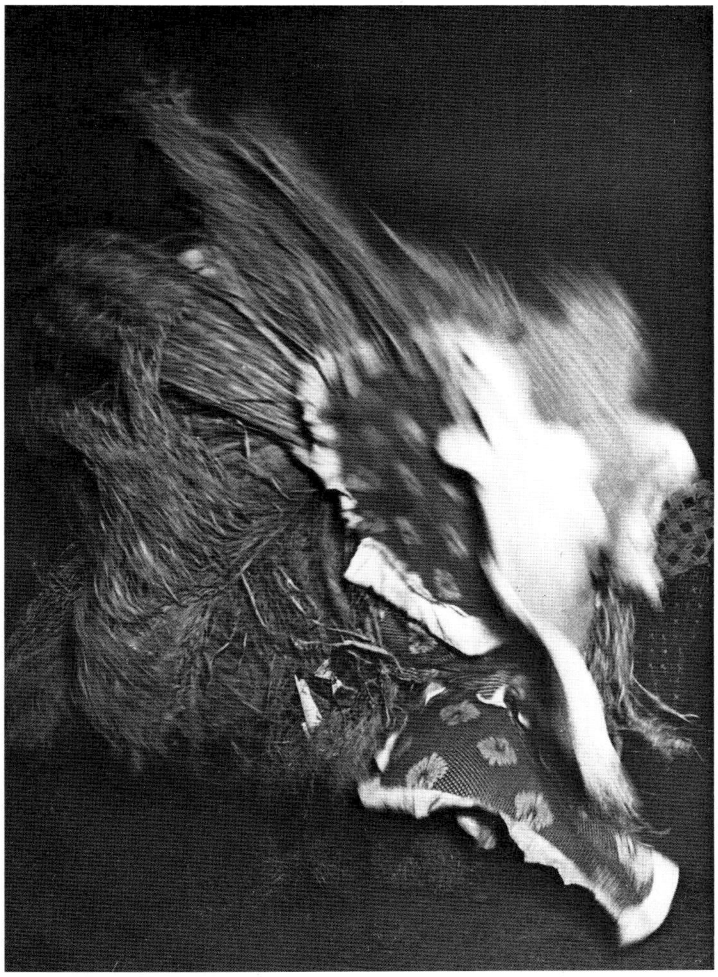
26

27

28

29

33

37

38

39

40

41

42

44

47

48

49

50

55

56

57

58

60

61

63

64

ABLODE

73

74

77

78

79

81

82

83

84

87

88

90

91

92

93

94

95

97

98

102

103

Die sudanesischen Savannen

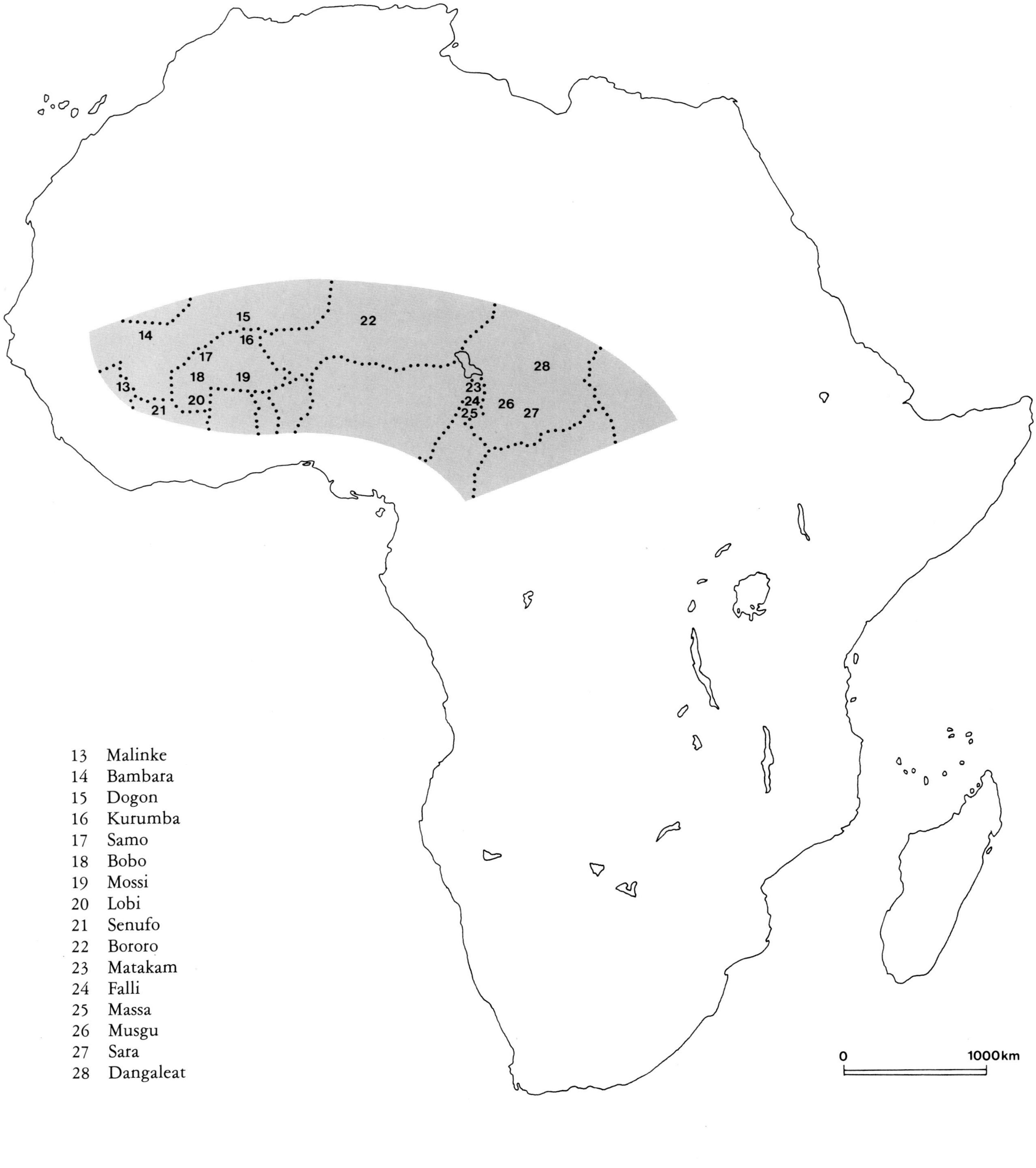

13 Malinke
14 Bambara
15 Dogon
16 Kurumba
17 Samo
18 Bobo
19 Mossi
20 Lobi
21 Senufo
22 Bororo
23 Matakam
24 Falli
25 Massa
26 Musgu
27 Sara
28 Dangaleat

I Der westliche Sudan

Guinea und Elfenbeinküste

Malinke (Region Kankan und Odienne)

Die Malinke, deren Ursprünge auf die Ausbreitung des großen mittelalterlichen Reiches Mali quer durch das westliche Afrika zurückgehen, sind seit Jahrhunderten Mohammedaner. Doch die Vorstellung, daß der bilderfeindliche Islam den alten Bräuchen notwendigerweise abweisend gegenüberstand, trifft nicht überall zu. So finden sich bei den Malinke von Ober-Guinea, Mali und der nordöstlichen Elfenbeinküste viele kulturelle Elemente, die denen ihrer ›heidnischen‹ Nachbarn, der Senufo oder Bambara, ähnlich sind: Sie haben Masken, Initiationsbünde nach Altersklassen, Ackerbauriten sowie sozio-religiöse Gesellschaften wie die der ›Jäger‹, der ›Musiker‹ oder der ›Schmiede‹. Die Malinke sind zumeist Savannenbauern und gehören zur weitverbreiteten Mande-Sprachgruppe.

Der *Manykomori* ist ähnlich wie der *Komomanyaga* der Bambara eine Art institutionalisierte Selbstkritik der Gesellschaft. Bei den öffentlichen Vorstellungen, die satirischen Charakter haben, treten Masken auf und brandmarken gesellschaftliche Probleme, wie zum Beispiel die allzu strengen traditionellen Heiratsgesetze. Die Szene umfaßt drei Gestalten: das junge
145 Mädchen, den alten Ehemann und den jungen Liebhaber.
146 Aufgabe der großen *Komo*-Maske ist es, aus dem Wissen und der Weisheit, die ihr von der Gemeinschaft zugeschrieben werden, die Moral zu ziehen. Andere Lustspiele präsentieren den Vorsteher der ›Jäger‹-Bruderschaft. Seine Kennzeichen sind ein
149 Federmantel, zahlreiche schutzspendende Amulette und ein mit Kaurischnecken besetztes Gewand. Der ›Jäger‹ nimmt, weil er einer sehr alten Bruderschaft angehört, eine Vermittlerrolle bei Streitigkeiten zwischen den einzelnen Bauern ein.

150 Die Affenmaske – sie ähnelt stark der *Kore* der Bambara –
151 ist eine Narrenmaske, die sarkastisch und kritisch die Wider-
152 sprüche in der Gesellschaft zum Ausdruck bringt. Da sie die kulturelle Vermittlung zwischen Tier und Mensch, zwischen Männern und Frauen, zwischen Neophyten und den schon länger Initiierten übernimmt, steht ihr eine so streitbare Rolle zu. Ihr Spott verschont niemanden: weder den faselnden Dorfgreis noch den größten Kenner der alten Sitten, der die Riten mit Ehrfurcht hütet.

Mali

Bambara, Bamana (Region San und Bougouni)

Das soziale und das geistige Leben der Bambara wird von einem Vollkommenheitsideal beherrscht: Man muß sechs aufeinanderfolgenden Initiationsbünden (den *Diow*) angehören, um ein ›fertiger‹ Mensch zu werden.

Die vorletzte Stufe dieses religiösen und moralischen Unterrichts ist die *Tjiwara*-Initiation.

Für die Ackerbauern der trockenen Savanne im Inneren Malis ist die Bearbeitung des Bodens schwierig und wird oft durch ungünstige klimatische Bedingungen behindert. Deshalb wurde die Beziehung des Menschen zur Erde, die ihn ernährt, zum Gegenstand der Mythologie und zahlloser ritueller Handlungen. Von Tjiwara gehen alle jene Erzählungen, Glaubensvorstellungen und Kenntnisse aus, die das Verhältnis des Menschen zum Universum betreffen.

Die Mythe, die durch Übereinstimmungen und Analogien die Geschichte dessen webt, der dieser Initiation seinen Namen verliehen hat, läßt sich vereinfacht so wiedergeben: Am Weltenanfang war ein Wesen, Tier und Mensch zugleich, Abkömmling von Mousso Koroni und der Schlange. Dieses Wesen zeigte mit Hilfe seines Stabes und seiner Klauen, wie man den dornigen Busch in Hirsefelder verwandeln konnte. Die Bambara, die seinen Ratschlägen folgten, wurden glücklich und reich. Doch der Überfluß, in dem sie nun lebten, ließ sie vergessen, daß sie die Erde mit Sorgfalt bearbeiten sollten, ließ sie nachlässig werden gegenüber jenem, der ihnen die Kenntnisse des Ackerbaus vermittelt hatte. Ob dieser Undankbarkeit verbarg sich Tjiwara tief in der Erde und wartete darauf, daß die Menschen ihn durch den Kult ehrten, der ihm zustand. Und so schnitzten sie die Antilopenfiguren *(Sogoni kun)* und trugen sie bei der Aussaat der Hirse auf die Felder, um das Andenken des Wohltäters der Bambara zu ehren.

Die Fruchtbarkeit des Bodens und damit das Überleben des Volkes hängt also von den Mitgliedern des Tjiwara-Bundes ab. Meist kommen sie paarweise, in ein mit Lehm gefärbtes Fasergewand gehüllt und auf einen Grabstock gestützt. Auf dem Kopf tragen sie eine geflochtene Kappe, auf der die stilisierte Schnitzerei einer männlichen Antilope (Hippotragus oder Orycteropus) oder einer weiblichen Antilope (Oryx oder Kob) befestigt ist. Manchmal, vor allem im Gebiet von Bougouni,
ist mit der Antilope eine weibliche Figur verbunden, die an die 120
Mutter Tjiwaras, Mousso Koroni, erinnern soll. Die weibliche 121
Antilope, die Erde, symbolisiert mit ihren hohen und geraden 123

Hörnern das Wachstum der Getreidekörner im feuchten Boden. Sie ist auch die Urmutter der Menschen, wie sich an dem Jungen zeigt, das sie auf dem Rücken trägt. Die darüber gesetzte männliche Pferdeantilope mit reichem Mähnenhaar weckt den Gedanken an die Sonne, deren Wärme die Erde fruchtbar macht. Die winkelförmigen Muster am Hals der Antilope sind für die Bambara dem Gang des Gestirns vergleichbar, das einer Zickzacklinie folgt.

Die Erklärungen der Tjiwara-Plastiken durch die Eingeborenen entfernen sich weit von jenem stereotypen Bild afrikanischer Kunst, das in Europa so sehr verbreitet ist.

Bibliographie
Zahan, D., *Sociétés d'initiation bambara.* Paris-Den Haag 1960
Imperato, P. J. ›The Dance of the Tyiwara‹, in: *African Arts,* Bd. IV, Nr. 1. Los Angeles 1971

Dogon (Region Sangha)

Bei den Dogon liegt oft eine lange Zeitspanne zwischen dem Ableben eines Mannes und den Beisetzungszeremonien, die das Totenritual beenden. Wenn der Verstorbene zu Lebzeiten eine bedeutende religiöse oder gesellschaftliche Stellung innehatte, wenn er gar in seinem Dorf oder in der näheren Umgebung Teilnehmer einer 60-Jahr-Feier des *Sigui* war, dann sammelt seine Familie nach den ›ersten Totenfeiern‹ Tauschgüter, die es ihr erlauben, einen *Dama* zu veranstalten. Die Zeit der Vorbereitung für die Rituale der ›Abreise der Seele‹ wird als besonders gefahrvoll für die Verwandten des Verstorbenen, darüber hinaus aber auch für das ganze Dorf angesehen. Darum gelten in dieser Zeit zahllose Verbote, denn die umherirrende Seele streift durch all jene Orte, an denen sie zu Lebzeiten einmal verweilte.

Der Dama zeigt unter anderem die Aufhebung der Verbote an, hat aber vor allem die Aufgabe, die geheimnisvolle Kraft, die von dem Toten ausgeht, einzufangen und mit Hilfe von Masken zu den heiligen Orten zu lenken, wo sie in irgendeiner Weise gebändigt wird. Mit dem Ende des Dama ist der Verstorbene in den Rang der Ahnen gerückt. Durch ihre Fürsprache kann das Wort von Amma, dem Schöpfer, den Männern neue Lebenskraft einhauchen, die Felder zum Gedeihen bringen und den Frauen und den Haustieren Fruchtbarkeit verleihen.

Die Rückkehr in die durch den Tod zerrüttete Ordnung erfordert zahlreiche symbolische Handlungen: das Auftreten von
Masken, Musik und reichlichen Genuß von Speisen und Hirse- 115
bier. Der Dama kann gelegentlich bis zu sechs Tagen dauern. 119

Der Ton des Schwirrholzes (eine kleine, an den Rändern gezähnte Holz- oder Metallplatte mit einer Kordel an einem Ende, die von einem Initiierten geschwungen wird) kündet den Beginn der Vorbereitungen zum Dama an. Sein Surren erinnert an die Stimme des ersten verstorbenen Ahnen.

Dann werden abseits vom Dorf in felsigen Höhlen oder im Busch die Masken geschnitzt oder auch nur neu bemalt, und zwar von jenen Männern, die beschnitten und Mitglied des *Awa* (Maskenbundes) sind und die die Masken auch tragen werden. Die Fasern für die Gewänder (Bast vom Pollo-Baum für die Umhänge und kurzen Röcke, Bogenhanffasern für die langen Röcke) werden geflochten und gefärbt (einige schwarz, andere rot oder gelb). Kaurischnecken und verschiedene Ornamente werden auf den Umhängen und Jacken befestigt.

Wenn die Masken die geheimen Orte verlassen, an denen sie fertiggestellt wurden, ziehen sich Frauen und Kinder bei ihrer Ankunft im Dorf eilig in die Häuser zurück, denn die Mitglieder des Awa treten nicht zu einem fröhlichen Maskenzug zusammen: Als Darsteller eines kosmischen Theaters bereiten sie sich darauf vor, die Erschaffung der Welt, der Menschen, der ersten Tiere und Pflanzen und der Sterne zu wiederholen. Indem sie die Erschaffung des Universums beschwören wird die Zeit der Gefahr und der durch den Tod hervorgerufenen Unordnung beendet. Mit tiefem Ernst, aber auch mit Begeisterung folgen die Zuschauer den verschiedenen Phasen dieser Riten.

Beim Dama eines geistlichen Oberhaupts oder eines anderen Vornehmen ist der Platz der heiligen Tänze von einer großen Zahl unterschiedlicher Masken umstellt. Der Anzahl und dem Symbolgehalt nach sind *Kanaga* und *Sirige* die wichtigsten dieser Masken.

Der Kanaga ist von einer kurzen Stange bekrönt, an der 117
waagrecht zwei parallele Leisten befestigt sind. An deren Enden befinden sich jeweils zwei Brettchen, die nach oben bzw. nach unten zeigen. Eine Art Helm aus harten roten und gelben Fasern umrahmt einen Teil des Maskengesichts.

Den Nicht-Initiierten erscheint diese Maske wie ein Vogel mit ausgebreiteten Flügeln. Für alle aber, die durch die Initiation ein größeres Wissen gewonnen haben, symbolisiert sie den Menschen, die Weltachse, die auf den Himmel zeigt und auch die Erde bezeichnet. Andere genealogische Deutungen sind ebenfalls möglich: die Verbindung des Kanaga mit jenem Wasserinsekt, das am Weltenanfang die Arche an Land brachte, die die uranfänglichen Samenkörner und die menschlichen Vorformen trug. Oder die flache Form, die vom Helm eingedrückt wird und den Kanaga in Zusammenhang mit dem Sturz des ersten Unruhestifters auf die Erde bringt: Ogo des fahlen Fuchses.

Eine der Tanzbewegungen umschließt zugleich alle Varianten: Wenn der Tänzer durch eine plötzliche Neigung des Oberkörpers den Boden mit der Maske berührt, wird damit die innerste Vibration der Materie heraufbeschworen, die für Amma geschaffen wurde.

118 Die Sirige-Maske hat ein rechteckiges Gesicht, das durch einen vertikalen Grat in zwei Höhlungen geteilt ist und von einer riesigen Platte überragt wird, die bis zu fünf Meter hoch sein kann. Darauf erscheinen, entweder gemalt oder ausgeschnitten, dreieckige Motive und parallele Linien. Sirige heißt soviel wie ›Haus mit Stockwerken‹. In dieser Bezeichnung sind mehrere Bedeutungen zusammengefaßt: die verschiedenen Stadien der Schöpfung, die Stufen, die den Himmel von der Erde trennen, und die Generationenfolge. Die parallelen vertikalen Linien symbolisieren die Fassade des *Ginna,* des ›Familienhauses‹, dem als Analogie die ›große menschliche Familie‹ entspricht.

Nach einigen Schritten, auf eine plötzliche Rhythmusänderung der Trommler hin, kniet der Träger der Sirige-Maske in östlicher Richtung nieder. Durch Vorwärts- und Rückwärtsbe-
119 wegungen des Oberkörpers berührt er mit den äußersten Enden der Platte den Boden und markiert so die Grenzen des Horizonts und die Himmelsrichtungen. Dann richtet er sich wieder auf und versetzt die Maske in eine horizontale Drehbewegung. Diese Bewegung der Maske erinnert an den ›Lauf der Sonne um die Erde‹ und damit an die Erschaffung des Universums durch die Drehung der göttlichen Achse.

116 Auf Kanaga und Sirige folgen Masken, die den Nicht-Initiierten vertrauter erscheinen, weil sie weniger abstrakt gestaltet sind. In ihrem Agieren erinnern sie an Tiere aus dem Busch in diesem Gebiet des Nigerbogens: Antilopen, Hasen, Löwen, Affen usw. Andere Masken mimen das Verhalten verschiedener Gestalten aus dem Leben der Dogon: Da gibt es die
115 Maske des ›Alten‹, die des ›jungen Mädchens‹, erkennbar an der mit Kauri besetzten Larve und dem Mieder mit Brüsten aus Früchten des Affenbrotbaumes, und die Masken der verschiedenen Kasten: ›Schuster‹, ›Schmiede‹ und andere. Selbst Fremde treten in dieser großen Choreographie auf: Erwähnt seien die Maske der ›Fulbe-Frau‹ mit der für diesen Stamm bezeichnenden Frauenfrisur, die Maske der ›Bambara-Frau‹ usw. Manchmal erscheint sogar die Maske ›Madam‹ (die der weißen Frau) oder die ›Dokotor‹ (Maske des Völkerkundlers) ...

Bibliographie
Griaule, M., *Masques dogon,* Paris 1938
Laude, J., *African Art of the Dogon,* New York 1973

Diskographie
Les Dogon, OCR 33, Ocora
Scènes de la vie des Dogon, Resonance Nr. 3

Obervolta

Kurumba (Region Aribinda)

Die Kurumba leben im Grenzgebiet von Obervolta und Mali. Früher wurde angenommen, daß sie aus ihren ursprünglichen Wohngebieten weiter nördlich durch eindringende Dogon verjagt und dann in Richtung Yatanga in das Gebiet von Lurun gewandert seien, wo sie seit dem 16. Jahrhundert ansässig sind. Neuere wissenschaftliche Arbeiten von Archäologen und holländischen Ethnologen haben diese Theorie, an der man lange festgehalten hat, jedoch nicht bestätigt.

Die Nioniosse – so nennen sich die Kurumba selbst – gruppieren sich in verschiedene Klans wie Sawadougou, Oueremi, Jal, Tao und andere. Ihr Kulturgut ist relativ einheitlich und besteht vor allem aus Stelen, Gabelhölzern und Masken. Diese Dinge sind dazu bestimmt, eine Beziehung zwischen historischen oder zyklischen Begebenheiten (z. B. Begräbnisriten) und Elementen des Mythos herzustellen.

So treten die *Adone* (Antilopenfiguren) oft bei Zeremonien 113
auf, die die Trauer der ›Herren der Erde‹ beenden. Die umher- 114
irrende Seele des Verstorbenen, sein ›Schatten‹, wird von dem Adone eingefangen, der dieser Seele dann für eine gewisse Zeit als Sitz dient.

Vielfarbige Antilopen scheinen für den Klan Sawadougou kennzeichnend. Ausschließlich aus dieser Familie kommen die Schnitzer und Träger der Adone-Maske. Dieses Privileg stärkt ihre religiöse Macht, und sie gelten als die direkten Nachkommen der Gründerahnen der Nioniosse. Nach einer Ursprungsmythe soll der Kulturheros Sawadougou verkleidet vom Himmel gekommen sein. Seine Frau und seine Kinder, die ihn begleiteten, hatten die Züge von Antilope, Hyäne und Hase. 114

Bibliographie
Schweeger-Hefel, A. M., ›L'art nioniosi‹, in: *Journal de la Société des Africanistes,* Bd. XXXVI, Nr. 2, Paris 1966

Samo (Kiembara)

In den Dorfgemeinschaften der Samo von Yatenga werden die religiösen Pflichten von zwei sich ergänzenden Gruppen wahrgenommen: den ›Leuten des Regens‹ und den ›Leuten der Erde‹.

Den letzteren obliegen rituelle Funktionen, die mit dem Tod und den Ahnen verbunden sind. Sie sind auch mit den Riten des Beisetzungszyklus betraut. Die ›Leute des Regens‹ dagegen bestimmen die Ackerbauriten. Sie sind in einem Männerbund vereint und organisieren zum Ende der Trockenzeit all jene Zeremonien, die den Regen herbeirufen sollen.

155 Durch reichen Gebrauch von Kaurischnecken, die an der
156 Kleidung und den Frisuren befestigt sind, durch die Sonnensymbolik des Helmstutzes und durch das Rattern von Bolzen und Ringen auf metallenen Resonanzkörpern stellen sie den Zustand des Wohlergehens dar, wie er den Menschen beschieden sein könnte, wenn ihnen die himmlischen Erscheinungen wohl gesonnen wären. Diese Vorwegnahme einer glücklichen Zukunft, zu der ihnen die Regenzeit verhelfen könnte, wird vor allem durch die großzügige Verwendung der Kauris symbolisiert, die ja sowohl Geld als auch magisches Objekt sind, das die Fruchtbarkeit fördert.

Bobo (Region Bouni, Koumi und Dédougou)

Die Bezeichnung ›Bobo‹ wird allgemein auf die Bevölkerung des Gebietes angewandt, das im Norden von Djenné und Mali, im Osten durch die Grenze zu Ghana, im Süden von Bobo-Dioulasso und im Westen durch den Oberlauf des Bani begrenzt ist. In Benutzung sind weiter die Begriffe Fing (Schwarze) für die Eingeborenen des Südens, Oule (Rote) für die der Region San und Dédougou sowie Die (Weiße) für die von Honde und Umgebung.

Diese drei Untergruppen erkennen keinen gemeinsamen obersten Häuptling an. Vielmehr sind die Bobo in so viele unabhängige politische und wirtschaftliche Gruppen gegliedert, wie es Dorfgemeinschaften gibt. Dennoch haben die Ackerbauern eine weitgehend übereinstimmende Vorstellung von den Beziehungen des Menschen zur Natur, im praktischen wie im symbolischen Sinn.

Der Ackerbau ist bei den Bobo der wichtigste Erwerbszweig. Um sich von der ständigen Angst freizumachen, die das Ausbleiben oder nur die Verspätung des Fruchtbarkeit bringenden Regens in der trockenen Savanne für die Bauern bedeutet, haben sie ein System von Institutionen und Riten entwickelt, die die Beziehungen des Menschen zur Erde als der Quelle des Lebens und Überlebens regeln. Die Bobo haben im Gegensatz zu anderen Gesellschaften keine ambivalente Auffassung von der Natur. Sie ist für sie nicht zugleich freigiebig und gefährlich, sondern erscheint ihnen von Grund auf gut. Nur die Fehler, die Irrtümer, aber auch die Bedürfnisse des Menschen können die Natur aus dem Gleichgewicht bringen. Darum haben die Masken die Aufgabe, das Schlechte auszulöschen, das sich in jeder menschlichen Gemeinschaft regt. Diese Funktion der Reinigung, die für die zyklische Erneuerung der Vegetation notwendig ist, steht in direkter Verbindung zur Schöpfungsmythe.

Wuro, der Weltenschöpfer hat eine harmonische Ordnung zwischen Sonne, Erde und Regen hergestellt. Doch die Menschen haben dieses Gleichgewicht durch ihre Lebensweise und durch ihre Schwäche in Gefahr gebracht. Das Aufbrechen der Erdkrume, die der Ackerbau mit sich bringt, bedeutet einen Angriff auf Soxo, die Gottheit des Busches, und damit zugleich auf Wuro, ihren Schöpfer. Aber auch andere Verstöße gegen die Lebensgesetze haben Auswirkungen auf die umgebende Natur. Wird ein Verbot gebrochen, so können unheilvolle Folgen entstehen, die gleichermaßen das Reich der Natur wie das der Menschen berühren: Der Trockenheit folgen Dürre, Krankheit, Unfruchtbarkeit und nicht selten der Tod. Doch Wuro hat Dwo einen Teil seiner Güte mitgegeben. Dieser Vermittler zwischen Gott und den Menschen hat nun die Aufgabe, das bedrohte Gleichgewicht wiederherzustellen.

Dwo ist in den Masken inkarniert, vor allem in jenen, die
besonders unansehnlich wirken, dennoch aber die wichtigsten 170
sind: die ›Blättermasken‹. 171

Die Fing nennen sie *Koro,* die Oule *Siriureoro.* Man fertigt sie im Busch an, wenn die Hirseernte eingebracht worden ist. Die Blätter stammen vom Karite oder Cailcedrat. Sie werden von Pflanzenfasern zusammengehalten und bedecken den ganzen Körper des Trägers. Kommt noch ein Kopfschmuck aus Federn oder Stroh hinzu, der *Zami,* dann bedeutet das, daß es sich um eine männliche Maske handelt. Manchmal ist
eine von Flechtwerk umrahmte trichterförmige Öffnung in 170
Gesichtshöhe vorgesehen.

Bei Einbruch der Nacht dringen die Blattmasken in schnellem Lauf ins Dorf ein. Sie eilen durch die Gassen und berühren dabei Getreideschober, Häuser und Dorfbewohner. In ihr raschelndes Blätterwerk nehmen sie all den ›Staub‹ auf, der aus den Fehlern der Menschen besteht. Dadurch ›waschen‹ sie das Dorf sauber von allen Unreinheiten und saugen in ihr Laub alles Schlechte auf, das sich im Laufe des Jahres angesammelt hat.

Gegen Ende der Trockenzeit, bevor die ersten Regen fallen und die Feldarbeiten beginnen, werden Zeremonien abgehalten, die die Gemeinschaft der Menschen durch die Teilnahme an der Wiederbelebung der Vegetation erneuern sollen.

Bei diesen Riten der Reinigung und der Invokation der Erdmächte – ebenso wie bei der Beendigung der Trauerzeit – müssen die Blättermasken anwesend sein, aber auch Masken aus Fasern und geschnitzte Masken.

Die Fasermasken werden von den Schmieden geflochten
und bemalt; weil sie aus natürlichem Material geschaffen sind,
stehen sie mit den Elementen des Busches in Verbindung.
168 Durch bestimmte Ornamente (Klanwappen in geometrischen
169 Mustern als Helmschmuck) beziehen sie sich aber auch auf den
164 Menschen und stellen somit eine Art Übergang von den Blatt-
zu den geschnitzten Masken dar. Die Holzmasken haben vor-
162 wiegend Tiergestalt und geben Schutzgeister des Dorfes wie-
163 der: das Warzenschwein, den Büffel mit flachen Hörnern, die
Büffelkuh mit rundem Gehörn, den Hahn mit dem senkrech-
ten Kamm, Pfefferfresser, Fisch, Antilope, Schlange (manch-
mal bis zu drei Metern lang) und schließlich den Schmetter-
166 ling, dessen Tänzer die taumelnden Kreisbewegungen nach
167 dem Ausschlüpfen zu Beginn der Regenzeit nachahmt.

Ein anderer Maskentyp kommt ursprünglich von den Gurunsi: der *Doyo* oder *Nwo* mit rundem Gesicht und von konzentrischen Kreisen umgebenen Augen, bekrönt von einer Platte mit bunten Motiven. In dieser Maske vereinen sich verschiedene zoomorphe Elemente: Gesicht der Eule, Schnabel des Calaos und manchmal ein ›Schlangenskelett‹. Alles wird durch geometrische Muster ausgedrückt: Rauten, Schachbrettmuster, gegenübergesetzte Dreiecke usw.

Seien sie nun aus Blättern, Fasern oder Holz, realistisch oder abstrakt: Alle Masken verkörpern die wohlwollende Macht von Dwo und damit die Idee von Fruchtbarkeit, Fülle und Wachstum. Menschliche Masken sind selten, denn nach der Weltanschauung der Bobo soll der Mensch auf seinen Hochmut verzichten, wenn er sich um des Überlebens willen der liebevollen Fürsorge von Dwo anvertrauen will.

Bibliographie
Le Moal, Guy, ›Rites de purification et d'expiation‹, in: *Systèmes de signes,* Paris 1978

Mossi (Region Koudougou)

160 Die ›roten Tänzer‹ von Koudougou gehören einer Sekte ehe-
161 maliger Gefangener aus dem Stamm der Gurunsi an.

Ursprünglich im Dienst eines traditionellen Mossi-Häuptlings, des Moogo Naaba von Ouagadougu, waren sie mit der Pflege der Pferde ihres Herrn beschäftigt; deshalb nennt man sie manchmal noch ›rote Reiter‹.

Die Farbe ihrer Kleidung ist die der Satteldecke, die das Reitpferd ihres Herrschers trug. An ihre alte Aufgabe als Pferdeknechte erinnert auch noch ein Fliegenwedel aus Pferdeschwanzhaaren, und ihre Tanzbewegungen ahmen Pferdesprünge nach.

Eine helmartige Frisur hat heute die Kalebasse ersetzt, die sie früher neun Jahre lang tragen mußten, damit ihr Herr, der Tengsoba, eines langen Lebens sicher war.

Lobi (Region Gaona)

Für die Lobi, Jäger und Bauern im Gebiet der drei Grenzen (Obervolta, Ghana und Elfenbeinküste), ist der Tanz mehr als ein unterhaltender Teil des Rituals.

Ihr Tanz erscheint vielmehr als Ausdruck der göttlichen Energie, die die Welt belebt. Mit ihren Bewegungen haben die Tänzer teil am Rhythmus des Universums und an der in ihm waltenden Kraft.

Die Figuren des Initiationstanzes zum Dyoro und auch die 153
zum Bur stellen dieses dynamische Prinzip der Lebenskraft 154
dar. Die Tänze finden in der Trockenzeit statt, um den Göttern des Busches zu danken, daß sie die Ernten begünstigt haben.

Um diesen Gedanken des Wachstums zu beschwören, bilden die Tänzer eine spiralförmige Reihe, die vom Orchester in der Mitte ausgeht.

Elfenbeinküste

Senufo (Region Sinematiali, Boundiali und Korhogo)

Alle religiösen, sozialen, wirtschaftlichen und sogar politischen Aktivitäten der Senufo stehen in irgendeiner Beziehung zu einer höchst komplexen Einrichtung: dem *Poro*. Aus ihm beziehen alle Stammesmitglieder – mit Ausnahme der ehemaligen Gefangenen und der Schmiede – die Kenntnis von den Gesetzen des Gemeinschaftslebens. Die Schöpfungsmythe erklärt uns die Gründe für diese Bedeutung des Poro: Am Anfang hatte die Welt weder Form noch Gesetze, und die menschliche Gesellschaft konnte nicht planvoll gestaltet werden. Um die Entwicklung der Menschheit zu fördern, schrieb der Demiurg

Kulotyolo eine Reihe von Gesetzen vor, die mit dem Auftreten kosmischer Phänomene zusammenhingen. Aber er wurde bald der Anstrengung müde, seiner menschlichen Nachkommenschaft zu helfen. Deshalb lastet noch immer die Gefahr eines Rückfalls ins ursprüngliche Chaos auf der Welt. Die Kinder zum Beispiel, die noch unvollendete Wesen sind, könnten die Ordnungslosigkeit der frühen Zeit wieder einführen. Auch die Zauberer, die mit den unheilvollen Kräften des Umsturzes in Verbindung stehen, untergraben das fragile Gebäude der Institutionen. Krankheit und Tod, die man bei den Senufo selten auf natürliche Ursachen zurückführt, zeugen ebenfalls von der Allgegenwart eines zerstörerischen Prinzips in der Welt. Angesichts dieser Gefahren ist es notwendig, in jeder Generation den Menschen und die Gesellschaft symbolisch neu zu erschaffen. Das ist die wesentlichste Aufgabe des Poro. Bevor der Schöpfergott zu jenem fernen Wesen wurde, das seine Nachkommenschaft vernachlässigte, übermittelte er einen Teil seiner ordnenden Kraft an eine Wesenheit, die in einiger Entfernung von den Dörfern in einem heiligen Busch lebte, dem Cinzanga. Dieses übernatürliche Wesen heißt Kaatyeleo, die ›alte Mutter des Dorfes‹. Sie kümmert sich im Unglück um den Menschen und gibt ihre Stärke und Kraft beim Poro weiter. Sie ist sein Mittelpunkt, die Mutter. In ihrem Reich, dem heiligen Wald, erhalten die Männer ihre Weihe.

Bevor wir uns der Zeremonie zuwenden, bei der die Männer
der Senufo die letzten Prüfungen bestehen, um ihre volle Rei-
140 fe zu erlangen, möchte ich das *Kagba*-Ritual schildern, bei
144 dem den Neophyten der *Nasolo* vorgestellt wird (Riesenochse,
wörtlich: Ochsen-Elefant). Begleitet von einem Führer und Interpreten, dem *Kodalu,* der mit einem Baumwollgewand bekleidet ist, das ihn ganz verhüllt, erscheint Nasolo am Rand des Cinzanga. Seine Bewegungen sind scheinbar ohne Zusammenhang, doch dann folgt er einer bestimmten Strecke, immer am Saum des sorgfältig abgegrenzten heiligen Waldes entlang.

Der Nasolo besteht aus einem Gerüst aus leichtem Holz in zylindrischen Formen und ist mit Matten bedeckt, die mit bunten geometrischen Mustern geschmückt sind (Kagba heißt soviel wie ›buntscheckig‹). Vorn hat er einen geschnitzten Kopf, in dem sich Elemente von Antilope, Krokodil und Mensch vereinen, und hinten hängt ein Schwanz aus geflochtenen Raphiafasern. Das Gerüst ist meist etwa 1,20 Meter hoch und bis zu fünf Meter lang. Bewegt wird es von zwei Männern, die sich im Innern verbergen. In bestimmten Augenblicken handhabt der eine ein Reibinstrument, das das Brüllen des Löwen nachahmt. Für die Neophyten stellen die zusammengesetzten und wenig einheitlichen Teil des Nasolo, die eigentlich an kein bestimmtes Tier erinnern, einen Büffel dar, Symbol der geistigen und körperlichen Vollkommenheit. Dieses analogische Denken, das in der Initiationszeit gelehrt wird, setzt den Nasolo mit dem fertigen Menschen gleich, dem erwachsenen Initiierten, der Tyolobele genannt wird.

Die letzte Initiationsstufe des Poro findet bei Neumond im Dezember statt. Die zukünftigen Tyolobele warten nackt am Eingang zum heiligen Wald. Hände, von denen sich in der Dunkelheit nicht erkennen läßt, wem sie gehören, ergreifen die Kandidaten und führen sie in die Höhle von Kaatyeleo, der Mutter des Poro. Nach einer bestimmten Zahl von Reinigungsprüfungen müssen die Initianten in einen schmutzigen engen Gang kriechen, der zum eigentlichen Zentrum des heiligen Platzes führt. Der Symbolismus dieses Rituals ist offensichtlich: Der Mensch kehrt wieder zurück in den Schoß der Mutter. Diese Rückkehr in den Leib der Kaatyeleo wird begleitet von einem harten Klatschen und dem Heulen der Würdenträger des Poro, die man in der Nacht nicht erkennen kann. Sie simulieren so den Tod des alten Wesens, das einem neuen weichen muß: Agonie und Geschrei des Neugeborenen.

Nun sind die Männer durch diese Wiedergeburt Initiierte 126
von Tyolo geworden und verlassen, nachdem sie Kleidung und 127
Ornamente erhalten haben, die ihren neuen Status kennzeichnen, einzeln den Cinzanga, um sich wieder ins Dorf zu begeben, wo sie freudig empfangen werden.

Die Dorfbewohner sind glücklich, diese neue Generation von Menschen kommen zu sehen, sind sie doch Garanten für ihre Sicherheit und imstande, alle Angriffe aus dem Busch abzuwehren. Sie bezeugen ihre Dankbarkeit, indem sie das Fest zum Ende der Initiation ausrichten: den *Kafo.*

Zu den Tyolobele gesellen sich noch andere Personen, die
gleichfalls die Macht des Poro darstellen: die *Nayogo,* Träger 129
riesiger, mit Kaurischnecken besetzter Kopfaufsätze, die 130
Kwonbele, die auf dem Kopf eine buntbemalte Helmmaske 124/25
tragen, die *Fre,* deren Fleckengewänder sie als ›Panther des Po- 132
ro‹ ausweisen, und schließlich noch die *Poniugo*-Masken (wörtlich: ›Köpfe des Poro‹).

Auch die Frauen werden initiiert; während aber die Männer
zum Beginn des Poro nicht beschnitten werden, unterwerfen
sich die Frauen der Exzision. Der Kafo der Frauen findet selte- 133
ner statt als der der Männer, wirkt aber durch die zahlreichen
Tänze und die üppigen Helmhauben und Bänder, die über 134
und über mit Muscheln bestickt sind, ebenso spektakulär.

Die Vielfalt der Begräbnisriten bei den Senufo erklärt sich gleichermaßen aus der Bedeutung des Ereignisses wie aus der Gefahr, die ein Todesfall für die ganze Gruppe darstellen kann: Die Seele des Verstorbenen betritt das Dorf und hält sich an den Orten auf, an denen sie auch früher häufig weilte.

Deshalb ist es notwendig, jene Kraft zu beherrschen, die, wenn sie frei bliebe, zu einer Rückkehr in das ursprüngliche Chaos führen könnte. Nur die Initiierten haben die Macht, den Schatten des Toten zu bändigen.

136 Die Tyolobele blasen die großen Holztrompeten, die *Na-*
naa, die das Gebrüll des Löwen nachahmen. Die Würdenträ-
138 ger des Poro dagegen schlagen lange Trommeln, die einen gel-
lenden Ton von sich geben, die *Tyepingdaana.* Sie werden be-
gleitet von *Laladyogo,* einer rätselhaften Person, die eingehüllt
ist in ein Baumwollgewand, das nur die Augen freiläßt. Auf
136 dem Kopf trägt sie einen großen Hut aus geflochtenem Stroh,
der mit den schwarzen und weißen Federn des Fischadlers
geschmückt ist. Schließlich fügen sich die Poro-Masken in die
135 Reihen ein: die *Gpelige* und ihre Trommler *Tyobige* sowie die
139 Unruhe stiftenden *Waniugo.*

Dieser ungewöhnliche Zug bleibt der Seele des Verstorbenen auf der Spur und bewegt sich durch das Dorf bis hin zu dem Lager, wo der Körper ruht. Eine der Gpelige-Masken ergreift dann eine kleine Tragetrommel, springt auf das Lager und stellt sich über den Leichnam, wobei sie mit schnellen Schlägen ihr Instrument bearbeitet. Ein Initiierter, der der Maske hilft und sie begleitet, schüttelt im gleichen Rhythmus Schellen. Mit diesem Ritual, dessen Musik die Macht des Poro betont, soll die Seele vertrieben werden, damit sie endlich den Ort der Toten jenseits des Dorfes und der bebauten Felder erreichen kann.

Niger

Fulbe Bororo (Region Dakoro)

Alle Untersuchungen über die Hirtennomaden der Sahel-Zone, seien sie nun wirtschaftlich, technologisch oder allgemein ethnologisch orientiert, machen immer wieder auf ein beherrschendes Element in der Kultur der ›Busch‹-Fulbe aufmerksam: das Interesse an der Schönheit.

Die Einrichtung des *Gerewol,* nach dem Urteil mancher Beobachter ein regelrechter ›Schönheitswettbewerb‹, ist häufig beschrieben worden. Die Feier des ästhetischen Ideals durch Schönheitsmittel, Schmuck, Tanz und Gesang ist indes nicht auf diese jährliche Zeremonie beschränkt. Vielmehr scheint sich die gesamte Kultur dieser Gemeinschaft auf die Idee der Schönheit zu konzentrieren. Für die Bororo sind Schönheit, Freiheit und Glück eins. Frei und glücklich zu leben, das heißt, ohne ständige Bleibe in den ›schönen‹ Landschaften der ursprünglichen Natur umherzustreifen, das heißt auch, dem Lauf eines ›schönen‹ Tieres zu folgen, dem Zebu mit der dunklen Mahagonifarbe und den großen Hörnern, das heißt weiter, unter seinen Verwandten viele schöne junge Männer und Frauen zu haben. Und nicht zuletzt heißt es, die Überlieferungen zu hüten. Im Gegensatz dazu sind Unglück und Häßlichkeit mit Seßhaftwerden identisch. Seit das Viehsterben die Herden bedroht, seit die Weidegebiete fortschreitend austrocknen, seit sich das Durchschnittsalter der Menschen verlängert, fürchten die Bororo, daß sie endgültig ihre Wanderungen beenden müssen. Aber seßhaft zu werden, bedeutet für sie, die Stimme der Fulbe zu verlieren, es bedeutet, durch Rassenmischung die ethnische Einheit der Abstammung, die Originalität und den Willen zum Anderssein zu verlieren. Wer einen Acker bestellt, verliert den weiten Blick.

Während der zeitweiligen Seßhaftigkeit, die durch die Trockenzeit verursacht ist, halten sich die Bororo an Orten in Südniger und Nordnigeria auf, wo es ständig Wasser gibt. Sie nutzen die Zeit mit zeremoniellen Aktivitäten, die die Verbindungen zwischen den Gruppen festigen sollen. Während dieser Periode finden außer Gerewol und Hochzeiten am Rande der Lagerplätze Zusammenkünfte, ›Markt‹ genannt, zwischen den ›Jahrgangskameraden‹ statt.

Am Nachmittag oder Abend zeigen die Junggesellen der 107
verschiedenen Familien über ihren schwarzen Lederhosen ih- 112
ren schönsten Schurz. Sie haben das Gesicht ockerfarben bemalt und die Lippen mit Indigo gefärbt. Das Gürtelmesser, manchmal auch das Beil oder die Lanze in der Hand, stellen sie sich Arm in Arm in einer Reihe auf, und zwar in einer bestimmten Folge: die Gäste im Süden, die Gastgeber im Norden, in der Mitte die ältesten und ganz außen die jüngsten.

Der *Yake* wird langsam getanzt, in den Knien wippend und 108
von einem Fuß auf den anderen; dabei klatscht man in die Hände. In einer ersten Tanzphase stehen sich die Tänzer gegenüber, in einer zweiten durch eine Vierteldrehung seitlich nebeneinander. Die Tanzbewegungen wiederholen sich immer wieder. Hüpfen und Stampfen wechseln ab, doch stets sehr gemäßigt. Auf den Gesichtern zeigt sich ein starrer Ausdruck:
ein betontes Lächeln bei weit geöffneten Augen. Hier sollen 107
zum einen die schönen Zähne, zum anderen das Weiß des Augapfels gezeigt werden.

Vor dem Yake wie auch vor dem Gerewol nehmen die Männer einen Trank zu sich, dessen einzelnen Zutaten (roter Honig, Milch, rote Datteln und zerstoßener Gips) man nachsagt, daß sie ›glänzende‹ Eigenschaften haben, die sich auf die Tänzer übertragen und sie dem angestrebten Schönheitsideal näherbringen sollen.

Junge Mädchen, auch sie aus verschiedenen Familien, umkreisen die Gruppe. Sie klatschen in die Hände, wobei ihr Me-
109 tallschmuck sich klingend bewegt. Gegen Ende des Yake tre-
112 ten eine oder zwei von ihnen vor, um die Männer zu wählen, die sie als die schönsten ansehen. Diese verlassen dann den Kreis und werfen ihr Beil in die Luft.

Die gesellschaftliche Funktion des Yake ist unverkennbar: Er soll die Bande zwischen verfeindeten Familien vermittels ästhetischer Kriterien festigen: Der schöne Mann kann nur ein guter Mann sein, der die Traditionen der Bororo respektiert.

Bibliographie

Dupire, M., *Peul nomades,* Paris 1962

Delange, J., ›Les Peul‹, in: *Cahiers d'études africaines,* Bd. IV, Nr. 1, Paris 1963

---

2 Der zentrale Sudan

Kamerun

Matakam (Region Oudjila)

172 Bei den Matakam der Mandaraberge in Nordkamerun finden
176 während der Beisetzungsriten und beim Erntefest, das sich mit der Erinnerung an die Toten des vergangenen Jahres verbindet, zahlreiche Tänze der Männer und der Frauen statt. Wenn auch der Verlauf dieser Zeremonien genau beschrieben worden ist, wird doch der Sinn, den ihnen die Gemeinschaft beimißt, nicht immer richtig verstanden.

Die Männer tanzen in Waffen, mit Schilden, Lanzen und Bogen. Zum Schluß wird eine Lanze auf das Dach des Verstorbenen geschleudert – ein symbolischer Akt, den der älteste Sohn des Toten vollzieht. Dieses Ritual könnte überraschen, wenn man nicht gleichzeitig die Aktivitäten der anderen Teilnehmer beobachtet, die vielfältige Opfer darbringen, um den Toten zu ehren.

Der kriegerischen Parade der Männer sind die Tänze der Frauen vergleichbar, wenn sie ihre Messer schwingen, die freilich nur zum zeremoniellen Gebrauch dienen.

Hier sei mit aller Vorsicht eine Hypothese vorgetragen: Erwächst die übersteigerte Kraftentfaltung bei dieser Matakam-Zeremonie aus der Notwendigkeit, den Verlust des Lebensatems – und das bedeutet ja der Tod – ausgleichen zu müssen?

Falli (Region Bossoum)

Bei den Falli ist es ein Vorrecht der Frauen, die Toten durch Opfer von Hirsebrei oder -bier bei den Beisetzungsfeierlichkei-
ten symbolisch zu nähren. Auch beim *Leuru Beleng,* dem jähr- 177
lichen Ahnenfest, bringen die Frauen aller Familien in einer 179
Prozession Kalebassen mit Hirsebier, das sie auf Steine, die *Gaw Lasindji,* gießen, an denen der Lebenshauch der Toten haftet.

Massa

Zu bestimmten Jahreszeiten (entweder zwischen Oktober und Februar oder zwischen Januar und Juli) verlassen die achtzehn- bis dreißigjährigen Massamänner – doch nur aus Familien, in denen keine Trauer herrscht – ihre tägliche Arbeit, um sich in Gruppen von zehn bis vierzig in ein Lager zu begeben, wo sie ein *Gourou* veranstalten, das heißt eine ›Milchkur‹.

Jeder Guruna führt einige schöne Kühe mit sich, die entweder seiner Familie gehören oder dem Besitzer des Pferchs, von dem er abhängig ist. Im Lager kümmern sich die Guruna gemeinschaftlich um das Vieh, ernähren sich von der Milch der Herde, aber auch von Fleisch, Kuchen und Sorghobrei, den ihnen die Dorfbewohner reichlich bringen. Vor allem aber lernen sie die verschiedenen Ringergriffe *(Nafta),* Gesänge und Tänze *(Liuta),* die sie später in der Öffentlichkeit bei Begräb-
nisfeierlichkeiten oder anderen Festen vorführen und mit de- 192
nen sie Bewunderung erwecken.

Während der Dauer des Gourou unterliegen sie keinerlei gesellschaftlichen Sanktionen, wie sie in normalen Zeiten zum Beispiel für Diebstahl, Ehebruch, Beleidigung oder Völlerei gelten. Stellt der Guruna seine körperliche Kraft zur Schau, sein Können als Tänzer oder Ringer, so wächst dadurch das Ansehen der Familie. Er demonstriert dem Gegner, aber auch dem zukünftigen Verbündeten sein Wohlergehen. Obwohl die Guruna im allgemeinen nicht in sakrale Bereiche eindringen, kann doch die Macht der Übertretungen, die ihnen zugestanden sind, zu rituellen Zwecken genutzt werden, um symbolisch die Gefahren abzuwenden, die von außen kommen
könnten. So hat etwa ein Guruna mit der Vogelkopfmaske die 193
Kraft, die notwendig ist, um die bösen Geister in den Busch zu 194
vertreiben.

Tschad

Musgu, Moussey (Region Gounou-Gaya)

Die Musgu siedeln im Südosten des Tschad im Gebiet von
186 Gounou-Gaya. Einer der wichtigsten Aspekte ihres geistigen
188 Lebens spiegelt sich in ihren Besessenheitskulten wider.

Hat irgendein Stammesmitglied, Mann oder Frau, mit physischen oder sozialen Schwierigkeiten zu kämpfen, so verläßt er seine alltägliche Umwelt, um sich der Gruppe der Fulina anzuschließen.

Dort lernt der Betreffende, umhegt von der Fürsorge der Eingeweihten, im Traum oder in Trance die Wesenheit, die ihm innewohnt, zu erkennen und zu benennen. Von diesem Augenblick an ist er befreit von seiner Angst und seiner Pein und besänftigt den Geist durch Opfergaben. Nun ist er selbst Priester des Geistkultes geworden – jenes Geistes, der ihn ›geritten‹ hat – und kann an verschiedenen rituellen Handlungen teilnehmen, die seine Gegenwart erfordern, wie etwa das
188 Ritual der Regenanrufung. Der Priester der Erde, in dem der Geist der Schöpfung, Fulloma, wohnt (er ist gekennzeichnet durch die Farben der Perlenketten: Blau, Schwarz, Weiß), be-
187 wegt Kalebassen über dem Kopf einer Frau, die vom Geist des Todes bewohnt wird (rote Perlen). Dieser symbolische Akt soll eine Übereinstimmung zwischen den beiden Wesenheiten stiften, damit sie den Wunsch der Menschen nach Regen erfüllen.

Sara (Region Maro und Bedaya)

201 Das Orchester umfaßt außer den Bambusflöten *(Nal)* und der Bogenharfe mit acht Seiten *(Kende)* drei weitere Instrumente: einmal *Kod Kirgoutou,* eine zylindrische, mit zwei Fellen bespannte Trommel, dann *Gangue,* eine lange vertikale Trommel mit aufgepflocktem Fell, die mit der Hand geschlagen wird, und schließlich noch *Koundou,* das tragbare Xylophon mit Kalebassen als Resonanzkörpern. (Die bogenförmige Konstruktion ist am Gürtel des Spielers befestigt, so daß er das Instrument stehend spielen kann. Die 14 oder 15 Klangstäbe werden mit Stöcken geschlagen, die an einem Ende eine Latexkugel tragen.)

180 Die weibliche Initiation, *Ndo Banan,* endet mit Tänzen und
185 Gesang. Die jungen Mädchen haben den Kopf rasiert, das Gesicht mit einer Perlen-Maske verhüllt und tragen lange Ketten, die bis auf die Brüste reichen, Kupferringe am Unterarm und einen Gürtel mit Metallschellen. Der Ndo Banan besteht aus zwei Teilen: Im ersten Teil wird gesungen, wobei die Chöre der eingeweihten Mütter und der jungen Initiierten sich abwechseln. Im zweiten Teil wird getanzt, und zum Rhythmus der Trommeln aus Kalebassen gesellt sich das Klingen der Schellen, die durch die heftigen Tanzbewegungen hin- und hergeworfen werden.

Die Initiation bei den Sara ist gleichbedeutend mit dem Tod des Kindes für die engere Familie und seiner Wiedergeburt als soziales Wesen für die ganze Gemeinschaft. Der Verlust der früheren Identität wird durch das Tragen einer Maske angezeigt: Blättermasken für die Knaben, Perlmasken für die Mädchen. Wenn die anbaufähigen Felder im Besitz der männlichen Verwandten einer Sippe sind, so gehören alle Gegenstände, mit denen die Produkte der Landwirtschaft in Speisen verwandelt werden, ausschließlich den Frauen. (Dies wird durch die Zurschaustellung von Tellern beim letzten Initiationstanz
betont.) Die gemeinsamen Tänze der Knaben und Mädchen 189
der gleichen Altersstufe sollen nach der Initiation deren voll- 191
ständige Zugehörigkeit zur Gesellschaft kundtun. Ihre Körper- 184
male, Tätowierungen oder Narbenmuster, sind ein weiterer 185
Ausweis der Gesellschaft. Darüber hinaus sollen diese ritualisierten Begegnungen aber auch neue Verbindungen zwischen verfeindeten Familien anknüpfen.

Bibliographie
Jaulin, Robert, *La Mort Sara,* 10/18 UGE, Paris 1971

Diskographie
Anthologie de la musique du Tchad, OCR 36

Dangaleat (Region Korbo)

Im ausgedehnten Gebirgsmassiv im zentralen Tschad lebten mehrere ethnische Gruppen unterschiedlicher Sprache und Herkunft. Diese ›Versprengten‹ in den Bergen werden unter der allgemeinen Bezeichnung Hadjeray zusammengefaßt.

Heute liegen ihre Dörfer aus Gründen administrativer Kontrolle zwar in den Ebenen, ihre Kulte finden aber immer noch im Gebirge statt. Die Dangaleat von Korbo wie auch ihre Nachbarn, die Diongor und Kenga, glauben an die Existenz von *Margaï,* eine Art von Ortsgeistern, die über den Hütten oder Kornspeichern hausen. Für diese Hirse- und Erdnußbauern ist die Hilfe der Margaï unerläßlich, um sich guter Ernten zu versichern, sich vor Naturereignissen wie Trockenheit oder Unwettern zu schützen und die physische und kulturelle Unversehrtheit der Gemeinschaft zu erlangen.

Das Ende der Ernte gibt Gelegenheit zu großen Festen und 197
Opfern an die Geister der ›oberen Orte‹. Tänze und Besessen- 200
heit durch die wohltätigen Kräfte der Margaï ziehen sich über mehrere Tage hin.

107

109

110

111

112

121

122

123

124

125

126

127

1

136

137

138

140

141

142

143

145 14

166

167

168 169

172

174

177 178 179

180

181

182

186

187

1

190

2

3 194

197

198 19

Äquatorialafrika

29 Akele
30 Nzabi
31 Kuyu
32 Teke
33 Pende
34 Kuba
35 Salampasu
36 Tussi
37 Mangbetu
38 Mbuti
39 Kumu
40 Gbaya-Banda-Ngbaka

1 Das Ogowe-Becken

Gabun

Akele, Kele (Region Ndjole)

Der Initiationsritus des Bwiti ist kein eigenständiges Ritual der Akele. Wie andere Stämme haben sie ihn von den Tchogo (Mitshogo) übernommen. Diese synkretistische Einrichtung hat kulturelle Elemente ganz unterschiedlicher Herkunft einander angeglichen. Ihr Ursprung dürfte wahrscheinlich in religiösen Praktiken von Handelssklaven aus dem Osten zu suchen sein. Die Tchogo gaben ihnen ihre liturgische Sprache und ihre Ausdrucksform: den Ahnenkult.

Der Bwiti überlagert und ersetzt gelegentlich andere rituelle Verrichtungen. Man kann ohne Übertreibung sagen, daß er das religiöse und soziale Leben vieler Stämme in Gabun bestimmt hat. Einige seiner Anhänger wurden von der Kolonialregierung verfolgt, die in der Ausbreitung der Sekte die Gefahr einer Opposition gegen ihre Herrschaft erkannte. Die Missionare fürchteten dagegen eine Erneuerung des Fetischismus und betrieben mit allem Nachdruck die Vernichtung der Tempel und der Schnitzbilder. Als die traditionellen Strukturen des Stammes durch die Kolonialmacht und durch den Einfluß der großen Konfessionen zerstört wurden, hätte sich der Bwiti zu einer kulturell, sozial und politisch einigenden Kraft entwickeln können, wenn nicht Gegensätze zwischen den verschiedenen Führern geherrscht hätten. Da sie aber oft zur Heimlichkeit gezwungen waren, entwickelten die Mitglieder des Bwiti unterschiedliche Rituale, die jeweils der eigenen ethnischen Umgebung entsprachen.

Doch trotz der Unterschiede (wie zum Beispiel Anwesenheit oder Ausschluß von Frauen) sind manche charakteristischen Elemente allen Kulten gemeinsam. Der heilige Kultraum ist
222 das Männerhaus, *Ebandza*. In seiner Mitte brennt ständig ein Feuer, dessen Schatten die Wände aus geschnitzten Rindenplatten beleben. Die offene Fassade wird in der Mitte von einem dekorierten Pfosten gestützt, dem *Eengo*. Er stellt eine weibliche Figur dar oder vereinfacht eine Raute, Symbol des weiblichen Geschlechts. Beim Erzählen mythischer Überlieferungen, bei Gesängen und Musik (die Bogenharfe *Ngombi* spricht die wichtigsten ›Wörter‹) und beim Kauen der euphorisierenden *Iboga*-Rinde enthüllt sich der Gemeinschaft der Adepten der Sinn der universalen Mysterien. Die jenseitige Welt der Ahnen öffnet sich der Kontemplation ihrer Anhänger. Interessant – das gelegentlich als ›japanisch‹ bezeichnete Weiß 222
der Gesichter.

Gestärkt durch diese kosmischen Visionen, tanzen sie dann 220
die gefährlichen ›Tänze der Flamme‹, die *Biomba*, um den 221
heiligen Pfahl und im Umkreis des Ebandza.

Diskographie
Gabon: *Musique des Mitsogho et des Batéké*, OCR 84

Nzabi, Bandzabi (Region Mbigou)

Der eintägige Auftritt der Stelzenmasken bekundet symbo- 215
lisch die wechselseitigen Beziehungen zwischen der Welt der 219
Lebenden und der der Toten. Die Gemeinschaft will die Angst vor dem Tode durch eine größere Vertrautheit mit ihm bannen, andererseits aber auch verhindern, daß sich die Ahnen allzu eng mit ihren Nachkommen verbinden und Gewalt über sie erlangen.

Man bemerkt immer wieder, daß diese Masken bei den Anwesenden, ganz besonders bei Frauen und Kindern, zwiespältige Reaktionen hervorrufen: Bewunderung, Furcht, Herausforderung und sogar Schmähungen.

Eine Erklärung findet diese Haltung, wenn man die drei folgenden Aspekte in Betracht zieht: Einmal erinnern die Masken an das Bild weiblicher Schönheit, das Ideal dieser Gruppe. Im Jenseits wie auf Erden sind die Kriterien die gleichen: ein längliches gutgeschnittenes Gesicht, geschmückt mit Stirn- und 215
Schläfennarben (rautenförmig aus neun roten Punkten), schmale Augen, harmonisch verteilte Haarflechten. Zum anderen aber erweckt das bleiche Gesicht die Erinnerung an die kalte Schönheit des ›jungen Mädchens, das aus dem Reich der Toten kommt‹. Und drittens bleibt das gespenstische Wesen, das auf Stelzen wie zwischen zwei Welten balanciert, den Zu- 216
schauern letztlich rätselhaft, so daß sie es als Bedrohung empfinden.

Nur die Zugehörigkeit zur Geheimgesellschaft der Initiierten kann den scheinbar unüberwindlichen Abstand verringern, der die Gemeinschaft der Lebenden von der der Toten trennt.

Dikographie
Musiques du Gabon, OCR 41 (Seite B, Folge 2)

---

2 Das Kongobecken

Kongo

Kuyu (Region Fort-Rousset)

Früher traten die *Ihuya*-›Masken‹ beim Initiationskult für die Ahnenschlange Djo auf. Diesen ursprünglichen Symbolgehalt hat auch die fortschreitende Säkularisierung nicht vollständig zerstört. Bis in die jüngste Zeit beruhte die Gesellschaftsordnung der Kuyu auf dem Prinzip der Teilung in zwei Klans. Rivalitäten wie freundschaftliche Verbindungen sorgten für enge Wechselbeziehungen zwischen den Leuten der Schlange und denen des Panthers. Die Mitglieder des Panther-Klans hatten als Emblem eine Trommel mit dem Fell des Raubtieres. Der Resonanzkörper war mit einem mehrfarbigen Dekor geschmückt, der an das gefleckte Pantherfell erinnerte.

Die Mitglieder des Schlangen-Klans besaßen eine Vielzahl von Figuren, mit denen die Gehilfen, unter langen Kutten aus geflochtener Raphia versteckt, schlangenartige Bewegungen vollführten. Die Darbietung dieser Ihuya vor den zukünftigen Initiierten umfaßte mehrere Folgen, die von den einzelnen Stufen der Schöpfung berichteten.

Heute, nach dem Verschwinden der Klans, steht ein rituali-
239 sierter Wettbewerb im Mittelpunkt: der *Kyebe Kyebe,* bei
241 dem die alten Rivalitäten ausgetragen werden. Bei dem Tanz stehen die Teilnehmer aus verschiedenen Dörfern einander gegenüber. Jeder muß nach genauen, althergebrachten Regeln eine bestimmte Zahl von Tanzbewegungen ausführen, deren Harmonie dann beurteilt wird. Einen Stab mit Griff von unten nach oben, von hinten nach vorn schwingend, dreht sich der Tänzer bis zur Erschöpfung um sich selbst. Seine Bewegungen sind schnell und fließend, denn er soll gleichzeitig die geschmeidigen Körperwellen der Schlange und das Wirbeln des Sturmes nachahmen.

Diskographie
Anthologie de la vie africaine, Ducretet-Thomson, 320 C 126

Teke Andjinighi (Region Ewo)

226 Der Tanz der ›Leibgarde‹, der *Ebanigi,* stellt eine der letzten
229 Erinnerungen an die einstige militärische Macht der Teke-Häuptlinge dar, die in den vergangenen Jahrhunderten unter ihrem Lehnsherrn, dem *Makoko,* erfolgreich Krieg gegen die Königreiche von Kongo und Luanda führten.

Früher begann dieser Tanz mit einem Gehorsamsritual, dem *Nkani.* In alle Richtungen laufend, die Waffen gegeneinander schwingend, den Körper mit weißer Tonerde *(Pembe)* bemalt den Kopf mit Federn oder einer Raphiahaube bedeckt, nahmen die ›Leibgardisten‹ herausfordernde Haltungen an, die bis zur Beleidigung gehen konnten. Dieses eher groteske Verhalten parodierte in einer ritualisierten Form die Autorität ihres Herrn. So drückte dieser Tanz die Macht des Herrschers aus und bestätigte zugleich die Rolle der Ebanigi bei der Kontrolle des sozialen und religiösen Lebens im Häuptlingstum.

Diskographie
Gabon: *Musique des Mitsogho et des Batéké,* OCR 84

3 Das Kasai-Gebiet

Zaïre

Pende (Region Tshikapa)

Die *Giphogo*-Maske der Pende vom Kasai ruft in ihrem zere- 242
moniellen Gebrauch verschiedene Vorstellungen hervor, auf die ihr charakteristisches Aussehen – mandelförmige, halbgeschlossene Augen, vorspringende Nase und scheibenartiges Kinn – zunächst nicht schließen läßt.

Sie ist eine ›Heilungsmaske‹ und tritt beim ›Hirsetanz‹ auf, der wichtigsten Handlung innerhalb der Fruchbarkeitsriten. Außerdem machen die heilenden Kräfte, die ihr zugeschrieben werden, sie unerläßlich bei der jährlichen ›Reinigung‹ des Dorfes.

Ihr wohltätiger Einfluß, der sich auf die bebauten Felder und auf den von Menschen bewohnten Raum erstreckt, zeigt, daß die Giphogo-Maske als besonders kraftvoll angesehen wird. Deshalb heißt es auch, daß ihre Stärke der des Häuptlings gleichkommt.

Als oberste Maske *(Mukishi Wa Mutwe)* wird der Giphogo, wenn er nicht außerhalb weilt, in der Behausung dessen aufbewahrt, dessen symbolischer Doppelgänger er ist. Bei der Einweihung dieses seines Heiligtums treten Masken in Faserstof-
fen, die *Mindgangi,* in Erscheinung. Diese Wesen, die den 243
Geist der Ahnen verkörpern, sind zugleich die Wächter des Beschneidungsplatzes. Sie weihen die Knaben ein und wecken

durch ihre Gegenwart die Ehrfurcht, die lebenden wie verstorbenen Häuptlingen zukommt.

Kuba, Bakuba (Region Mushenge)

244 Die *Mwaash a Mbooy*-Maske (oder besser: *Mosh'Ambooy Mu*
246 *Shal*), deren ›königlicher‹ Tanz den Abschluß der Initiationsriten der jungen Männer bildet, bezieht sich auf die Schöpfungsmythen und die Geschichte des Königreichs Kuba. Der Urahn Woot – Ratgeber in den Techniken (Schmieden und Weben) – vollendete die göttliche Schöpfung. Er ist der Begründer der Dynastie. Die Nyim, Herrscher der Kuba, kommen seitdem aus dem Klan der Bushongo (Bushoong).

Der Kulturheros Woot beging mit seiner Tochter (oder seiner Schwester, je nach den unterschiedlichen Überlieferungen) den uranfänglichen Inzest. In einer der zahlreichen Mythen heißt es: »Eines Tages lag Woot, berauscht vom Palmwein, nackt auf dem Boden. Da verspotteten ihn seine Söhne, doch seine Tochter Mweel näherte sich ihm züchtig, rückwärts gewandt, und bedeckte ihn mit einem Tuch aus Raphiabast. Als Woot erwachte, belohnte er sie mit dem Versprechen, er wolle keine anderen Erben haben als ihre Kinder. Seine Söhne aber wurden bestraft und mußten die Riten der Initiation erdulden.«

Die Maske Ambooy stellt Woot und seine Nachfolger von göttlichem Ursprung dar. Eine andere Maske, *Ngaadi Mwaash,* zeigt *Mweel* und die weiblichen Nachkommen der königlichen Familie.

Aufgabe der Männerinitiation und damit auch der beiden Masken ist es, das Ansehen des Herrschers, des Nachfahren von Woot, zu mehren und dem Gebot der Übertragung von Macht und Gütern über die weibliche Linie Respekt zu verschaffen.

Das Material für das Gesicht der Ambooy-Maske (Splitter von Raphiastengeln) erinnert an den ›betäubenden‹ und ›gärenden‹ Palmbaum aus alten Zeiten. Der konische Teil, der die Maske überragt, hat die Form eines Elefantenrüssels und symbolisiert Stärke; die Perlen und die Kaurischnecken bezeichnen den Reichtum des Königs, und der Helmstutz aus Adlerfedern bezieht sich auf das Emblem des königlichen Klans der Bushoong.

Bibliographie

Vansina, J., *Le Royaume kuba,* Annales du MRAC, Tervuren 1964

Heusch, L, de, *Le Roi ivoire, ou l'origine de l'Etat,* Paris 1972

Salampasu (Region Luiza)

Die stark vorspringende Stirn und die runden Formen sind ein
typisches stilistisches Merkmal der Masken bei den Salampasu. 234
Das Material der Gesichtsbedeckungen und das sonstige Zube- 238
hör erlauben es jedoch, drei Gruppen zu unterscheiden: Mas-
ken aus schwarzem Geflecht, von einem konischen Aufsatz be- 237
krönt, der mit mehrfarbigen Dreiecken geschmückt ist; reich
mit Federn besteckte Holzmasken; und schließlich Masken, die 236
mit Kupferplättchen belegt und mit zahlreichen Kugeln aus 238
Pflanzenfasern verziert sind.

Diese Masken nehmen an den verschiedenen Phasen der Männerinitiationen teil und werden den Neophyten nacheinander vorgestellt. Sie symbolisieren die drei Stufen der Gesellschaft: Jäger, Krieger und Häuptling.

4 Ruanda und das Uelle-Gebiet

Ruanda

Tussi, Tutsi (Region Nyanza)

Bevor dieser Staat 1962 seine Unabhängigkeit erlangte, gab es im Königreich Ruanda drei ethnische Gruppen, die sich in Rasse, gesellschaftlichem Status und wirtschaftlicher Bedeutung unterschieden.

Auf der untersten gesellschaftlichen Stufe standen die ältesten Bewohner dieses Gebietes, die Twa, ein Pygmäenvolk, das sich vorwiegend der Jagd widmete und die Bauern und Hirten des Gebiets mit Fleisch versorgte. Den Hirten mußten sie zusätzlich noch einen Tribut in Gestalt von Fellen und Elfenbein entrichten.

Über ihnen standen die Bantubauern, die Huttu, die etwa 82% der Gesamtbevölkerung umfaßten, und über diesen wiederum die Hirten, die Tussi, von äthiopischem Typ, groß und schön gewachsen.

Die Tussi waren, aus dem Osten kommend, im Laufe des 16. Jahrhunderts in dieses Gebiet eingedrungen. Sie errichteten politisch wie wirtschaftlich ein autoritäres System, dessen Grundlage der Besitz von Großvieh und die Ausbeutung der beiden anderen Bevölkerungsgruppen war.

An der Spitze dieser hierarchischen Ordnung von Adelsfamilien stand der Häuptling des heiligen Königtums, der Mwami.

Symbole seiner mystischen Macht waren die königlichen
255 Trommeln, die Ngoma. Wer sie schlug, mußte zum Adel ge-
hören. Aus dieser Schicht kamen auch die Ntore, Krieger, die
das Königtum vor räuberischen Überfällen auf das Vieh zu
schützen hatten. Wenn sie von ihren Zügen zurückkehrten,
253 tanzten sie am Hof des Herrschers und stellten dabei die Begei-
254 sterung und den Mut dar, den sie beim Kampf entfaltet hat-
ten.

Diskographie
Musique du Rwanda, BM 30 L 2302

Zaïre

Mangbetu (Region Nanga)

Reisende in der zweiten Hälfte des 19. Jahrhunderts, die das Königreich Mangbetu besuchten, waren fasziniert von der Vielfalt der künstlerischen Ausdrucksformen, denen sie hier begegneten.

Ein ausgeprägter Sinn für Ästhetik erstreckte sich auf die verschiedensten Bereiche: auf Architektur, Mobiliar, Waffen, Werkzeuge und Musikinstrumente, auf Schmuck aller Art, ja selbst auf den Körper.

Die Häuptlinge des Mangbetu-Klans, die ihre Macht und ihre aristokratischen Vorrechte nach außen hin zu demonstrieren suchten, räumten den Künstlern und Kunsthandwerkern eine besondere Stellung ein: Ihnen ist die Entwicklung des Kunsthandwerks in diesem Königreich zu verdanken.

Obwohl die alten politischen Strukturen untergegangen
sind, hat sich einiges von dem vergangenen Glanz bis in die
252 jüngste Zeit erhalten. So die ›Kriegstänze‹ – von den Beob-
achtern des vergangenen Jahrhunderts oft beschrieben –, die
lange Zeit das Andenken an die großen kriegerischen Taten
der Mangbetu wachgehalten haben. Zwar sind die kunstvoll
geflochtenen Schilde nunmehr verschwunden und durch ein-
250 facher verzierte Holzplatten ersetzt worden, doch die Dynamik
in der Darstellung des Kampfes hat sich erhalten.

Ästhetisches Ideal war der verlängerte Schädel, der in frühester Kindheit mit Raphiaschnüren umwickelt wurde; diese Sitte bestand bis in die fünfziger Jahre. Die Veränderung des Schädels durch den dauernden Druck hatte nicht nur seine Verlängerung zur Folge, sondern auch eine Dehnung der Augenlider und eine Hebung der Augenbrauen. Bei den Frauen
wurde das längliche Profil noch durch eine besondere Frisur in
Form eines tellerförmigen Knotens betont. 251

Die *Negwe,* mit Erdfarbe bemalte ovale ›Sitzkissen‹ aus dem 251
Rindenbast des falschen Feigenbaums, zeugen von einem gro-
ßen Erfindungsreichtum in der Kombination geometrischer
Elemente. Die gleiche Komplexität fand sich bei den abstrak-
ten Motiven, mit denen die Frauen ihre Körper bemalten.

Mbuti (Region Ituri)

Die Jäger und Sammler, die inmitten des dichten Urwalds am Ituri leben, empfinden ihre Umgebung nicht als Verhängnis oder Mißgeschick. Ihr tägliches Leben wie auch ihre symbolischen Darstellungen sind geprägt von einer respektvollen Haltung gegenüber dem Wald.

Für die Pygmäen ist er weder feindlich noch ungastlich, wie man zunächst glauben könnte. Er ist vielmehr Nährmutter und Beschützerin des Menschen. Zwar birgt der Waldnomadismus in kleinen Gruppen ein gewisses Maß an materieller Unsicherheit. Aber das schließt nicht aus, daß sich ein besonders reiches und vielfältiges kulturelles Leben entwickelt. So hat etwa die ungewöhnliche vokale Polyphonie der Pygmäen die abendländischen Musikwissenschaftler in Erstaunen versetzt. Sie entdeckten in den kunstvollen, kontrapunktischen Kompositionen Anklänge an die ›gefächerten‹ Fugen der klassischen Zeit.

Die große Bedeutung der Tanzkunst, der Musik und des Gesanges erklärt sich aus den Vorstellungen, die sich die Mbuti von der Welt und vom Leben gemacht haben.

Bei dem Sühneritual *Molimo Made* zum Beispiel wird ein 230
Feuer entfacht, das die Vergehen der Jäger sühnen soll. Es wird 233
von den jungen Männern geschürt, die über die Älteren ent-
scheiden und richten müssen, weil sie sich schuldig gemacht
und den Geist des Waldes beleidigt haben. In Tänzen und
Gesängen erfüllt dieses Ritual seine reinigende Aufgabe. Aus-
sprüche der alten Mbuti erläutern den Zusammenhang zwi-
schen dem Gesang und der Dankbarkeit gegenüber der Wald-
gottheit: »Alles geht gut in unserer Welt, aber manchmal
kommen über Nacht Sorgen, die wir nicht voraussehen konn-
ten. Bei Tagesanbruch wecken wir den Wald durch unsere Ge-
sänge, denn wir wollen, daß sein Erwachen glücklich sei. Und
dann wird alles wieder gut.«

Diskographie
La musique des Pygmées babanzélé, BM 30 L 2303

Kumu (Region Madula)

Die Kumu leben einige Kilometer südöstlich von Kisangani an den Ufern des Tshopo. Anscheinend spielt bei ihren sozialen und religiösen Verrichtungen die Wahrsagerei eine bedeutende Rolle.

So sind auch der Auftritt der Masken und rituelle Tänze, die die Wahrsagekulte, Initiationskulte und Totenzeremoniale begleiten, der Autorität einer Bruderschaft von Wahrsagern, den
247 Bafumu, unterstellt.
249 Die *Nsembu*-Masken treten meist paarweise auf, männliche
248 und weibliche Maske. Der Tanz *Kunda* vereinigt die Mitglieder, die kurz zuvor initiiert worden sind.

5 Das Ubangi-Gebiet

Das zentralafrikanische Kaiserreich

Gbaya – Banda – Ngbaka
(Region Carnot, Bambio und Mbaïki)

Diese drei Stämme unterscheiden sich zwar ethnisch, haben aber in der Initiation zahlreiche Gemeinsamkeiten. Die Bezeichnung für die Initiation ist in den drei Kulturen nahezu identisch: *Gaza* oder *Ganza* – ›das, was Kraft gibt‹.

Auch die Abwicklung des Initiations-Unterrichts und die Prüfungen des Gaza stimmen bei den drei Stämmen überein.

Die erste Phase der Initiation verlangt Proben der körperlichen Ausdauer und führt mit Hilfe des Gesanges zu einer ersten Stufe esoterischen Wissens. Eine wichtige Rolle spielt die Beherrschung des Körpers und vor allem der Tanzfiguren sowie die Belehrung über das soziale Verhalten.

Die Übergangsriten umfassen Beschneidung und Exzision und stehen am Ende eines mehrmonatigen Aufenthalts außerhalb des Dorfes.

Die jungen beschnittenen Mädchen, die Gazawoko (oder Ganza Yassi), leben während der Vernarbung ihrer Wunde einige Wochen in Gruppen von Initiierten in Hütten an der Peripherie des Dorfes. Sobald am Morgen das Dorf von den Männern, die im Wald arbeiten, und von den Frauen, die die Erdnuß- und Maniokfelder bestellen, verlassen ist, eilen sie zu
den Wasserstellen, wobei sie häufig benutzte Pfade meiden. 214
Dort nehmen sie dann ein rituelles Bad. So lösen sie sich all- 213
mählich von ihren Müttern und erlangen nach und nach Kraft und Selbständigkeit. Nun besorgen sie selbst das Sammeln ihrer Nahrung, deren Zubereitung ihnen allerdings noch untersagt ist. Zum Tagesausklang vereinigen sich die Gazawoko erneut an versteckten Orten, um die Tanzfiguren zu vervollkommnen, die sie bei der Abschlußzeremonie ihrer Initiation aufführen.

Diese Feste kennzeichnen ihre endgültige Aufnahme in die 207
Gemeinschaft. Sie beschwören in ihren Gesängen, begleitet 212
von der *Linga* (Holztrommel) und anderen Schlaginstrumen- 209
ten, die Erinnerung an das schwere Leben während ihrer Klausurzeit. Doch die Energie, die sie in den verschiedenen Tänzen entfalten, bezeugt vor den Augen aller, daß sie die Prüfungen überstanden haben. Gaza hat ihnen ›die Kraft gegeben‹.

Diskographie
Musique d'Initiation, R.C.A., HM 934
Musiques banda, R.C.A. Vogue, LD 765

207

208

209

217

218

2

220

22

221

223

224

225

226

227

228

22

230

231

232

2.

234

235

236

237

239

240

243

244

245

246

247

248

250

251 25

Bildlegenden

Umschlag Vorderseite	Totenkulttanz. Matakam, Kamerun
Umschlag Rückseite	Stelzentanz Gle Gblen. Dan, Elfenbeinküste

Guineaküste

Abb.	1–4	Ringkampf und Ringkampftanz der Atuma. Djola, Senegal
	5–9	Dyeli-Tänzer und -Musiker. Fulbe, Guinea
	10–12	Daka-Kopfschmuck und Tänze zum Abschluß der Initiation. Koniagi, Guinea
	13–16	Musikinstrumente der Basari, Guinea
	17–18	Tänzer beim Fest der jungen Leute, Olug. Basari, Guinea
	19–21	Tanz in der Klausur der ersten Initiation der Männer. Kissi, Guinea
	22–23	Frauentanz Guerze in Nzerekore, Guinea
	24	Yoke-Maske der Baga, Guinea
	25–27	Koni- und Dudu-Maske. Baga, Guinea
	28–30	Banda Fare (Tanz der Banda-Masken). Nalu, Guinea
	31–33	Aufzug der Masken Nyon Hine, Nyon Nea und Nyon Kpman bei den Festen nach Ernteabschluß. Kono, Guinea
	34	Nyon Nea mit Maskenführer. Kono, Guinea
	35	Tanz der Ouenilegagui (Vogelmänner). Toma, Guinea
	36–41	Akrobatischer Tanz einer Sangnoulou. Dan, Elfenbeinküste
	42–46	Akrobatische Tanzfiguren von Mitgliedern des Simbo-Bundes. Dan, Elfenbeinküste
	47–50	Stelzenmaske Nyon Kwouya. Kono, Guinea
	51–54	Stelzentanz Gla Gblen. Dan, Elfenbeinküste
	55	Orchester mit Furu-Trompeten. Kono, Guinea
	56–58	Tanz des Frauenbundes Tokpa. Kono, Guinea
	59	Zamble-Tanz. Guro, Elfenbeinküste
	60	Maskentanz Ble Gla. Guere, Elfenbeinküste
	61	Weisheitsmaske Gbona Gla. Guere, Elfenbeinküste

Die sudanesischen Savannen

Äquatorialafrika

Grundlagenwerke zur afrikanischen Kultur

(Vgl. auch die speziellen Angaben am Ende der einzelnen ethnographischen Beschreibungen.)

Robert Farris Thompson, *African Art in Motion,* Los Angeles 1974

Francis Bebey, *Musique de l'Afrique,* Paris 1969

Gilbert Rouget, ›*La musique d'Afrique noire*‹, *in : Histoire de la musique* Bd. 1, Encyclopédie de la Pléiade, Paris 1960

Georges Balandier, Jacques Maquet u. a., *Dictionnaire des civilisations africaines,* Paris 1968

Denise Paulme und Jacques Brosse, *Parures africaines,* Paris 1956

Roy Sieber, *African textiles and decorative arts,* New York 1972

Herbert Cole, *African arts of transformation,* Santa Barbara 1971

Jean Laude, *Les Arts de l'Afrique noire,* Paris 1966
The Arts of Black Africa, Berkeley 1971

Jacqueline Delange, *Arts et Peuples de l'Afrique noire,* Paris 1967
The Arts and peoples of Black Africa, New York 1974

Frank Willet, *African Art,* London 1971

Maquette de l'auteur

Achevé d'imprimer sur les presses de l'Imprimerie Attinger
à Neuchâtel, Suisse, le 30 juin 1978